Conte

Contents

Myths and Legends
Mitos y leyendas

Introduction

Who Should Use This Book?

The materials in this book are designed to provide practice in reading and language arts for children who read in English, Spanish, or both languages. Selections and follow-up exercises provide practice with essential reading comprehension skills for all readers. Activities that focus on comprehension, vocabulary, and higher-order thinking skills are similar in both English and Spanish. The focus of instruction on structural elements and phonics differs in these languages, so activities for these skills are language specific. The way you use these books will vary depending on the instructional setting in your classroom.

In Bilingual Classrooms, students may be reading in either Spanish or English. Regardless of the language of instruction, all students in your class will be able to read selections on the same topics written in the same genre and emphasizing the same grade-level skills in reading and language arts. Selections and activities may be used for individual practice, partner and small group work, and even for whole-class instruction, as all students have access to the same content.

In Spanish Immersion and Dual-Language Classrooms, students may be reading in both English and Spanish. Whether they read in one or two languages, students receive reading instruction in their second language. In this case, you may wish to use the passage in students' native language for prereading activities, or to help clarify meaning after students read the selection in their second language. You may also switch between using selections in English and in Spanish according to the instructional design of your program.

In Mainstream English Classrooms, you may have a scattering of Spanish-speaking students. As these students come up to speed in oral English and English literacy, you can provide on-level reading experiences in Spanish with the selections in *Spanish/English Read and Understand Fiction.* This also helps students feel that they are involved in the same learning activities as their fluent-English-speaking peers.

No matter what your classroom configuration, practice with the full range of reading comprehension skills is essential. *Spanish/English Read and Understand Fiction* allows you to provide such practice in directed lessons with small or large groups, as independent practice, and for homework assignments. As an additional benefit, Spanish-speaking parents will be better able to support their children with homework assignments in their mother tongue.

Selections

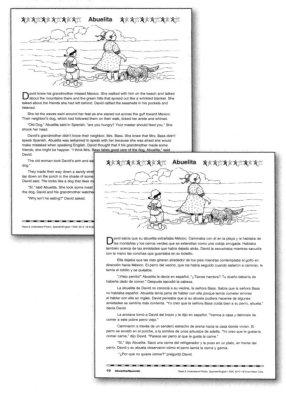

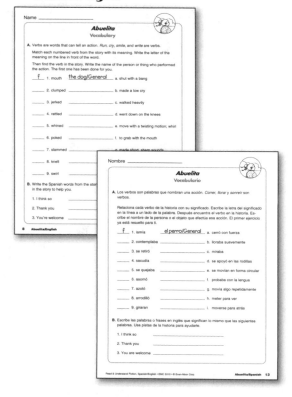

Spanish/English Read and Understand Fiction contains 25 fictional stories that encompass the following genres:

- contemporary realistic fiction
- historical fiction
- folk tales & fables
- tall tales
- fantasy
- myths & legends

The difficulty level of these passages spans high-third grade through high-sixth grade, allowing you to accommodate the range of instructional levels present in most intermediate classrooms.

Preview each selection to determine the vocabulary your students may need to learn.

Each selection is followed by three pages of exercises that provide targeted practice in these key skills:

- comprehension
- vocabulary
- a related language arts activity

Skill Pages

4

Abuelita

David knew his grandmother missed Mexico. She walked with him on the beach and talked about the mountains there and the green hills that spread out like a wrinkled blanket. She talked about the friends she had left behind. David rattled the seashells in his pockets and listened.

She let the waves swirl around her feet as she stared out across the gulf toward Mexico. Their neighbor's dog, which had followed them on their walk, licked her ankle and whined.

"Old Dog," Abuelita said in Spanish, "are you hungry? Your master should feed you." She shook her head.

David's grandmother didn't know their neighbor, Mrs. Bass. She knew that Mrs. Bass didn't speak Spanish. Abuelita was ashamed to speak with her because she was afraid she would make mistakes when speaking English. David thought that if his grandmother made some friends, she might be happier. "I think Mrs. Bass takes good care of the dog, Abuelita," said David.

The old woman took David's arm and said in Spanish, "Let's go home and feed this poor old dog."

They made their way down a sandy stretch of road to the house where they lived. The dog lay down on the porch in the shade of some oleander bushes. "I think he would like some meat," David said. "He looks like a dog that likes meat."

"*Sí,*" said Abuelita. She took some meat from the refrigerator and put it in a bowl in front of the dog. David and his grandmother watched him mouth the meat and whine.

"Why isn't he eating?" David asked.

Abuelita knelt in front of the dog, his head in her hand. When she felt with her fingers along his jaw, he jerked back and growled. "It's all right, Old Dog." She scratched behind his ears. "I won't hurt you again."

"What's wrong with him?" David asked. "He has a toothache, I think," said his grandmother.

A screen door slammed at Mrs. Bass's house. In her high, old-lady voice, she called for the dog. "Gen-eral! General, where are you?"

"He's over here, Mrs. Bass," David called in English.

Mrs. Bass clumped up the steps and shyly poked her head around the bushes. "Good morning," she said.

"Good morning," said David. Abuelita nodded stiffly.

"We thought he was hungry," said David, "but he won't eat."

"I know." Mrs. Bass shook her head sadly. "Poor General. I don't know what to do. I can't get him to eat anything."

"My grandmother thinks he has a toothache," said David.

"Really?" Mrs. Bass looked at Abuelita in surprise. "A toothache? Is that all it is?"

David could tell that his grandmother was proud of having figured out the problem. Abuelita nodded again, this time with a little smile. *"Creo que sí."* I think so.

"I'll take him to the vet." Mrs. Bass looked at David with tearful eyes. "I'm so glad it's only that. He's so old, I thought...I was afraid it was something much worse." She turned to Abuelita. "Thank you. *Gracias."*

Her face shining with happiness, Abuelita shyly said in English, "You are welcome."

Name _____

Questions About *Abuelita*

1. Why did the dog jerk back and growl when David's grandmother felt along his jaw with her fingers?

   _____

2. What is the setting of the story? How do you know?

   _____

   _____

3. Why was David's grandmother afraid of speaking with Mrs. Bass?

   _____

   _____

4. How do you think Mrs. Bass feels about General? Support your opinion with facts from the story.

   _____

   _____

5. How would you describe David's grandmother?

   _____

   _____

6. What occurrence might lead you to believe that Abuelita will change her mind about Mrs. Bass?

   _____

7. What do you think will happen next in the story?

   _____

   _____

Name _____

Abuelita
Vocabulary

A. Verbs are words that can tell an action. *Run, cry, smile,* and *write* are verbs.

Match each numbered verb from the story with its meaning. Write the letter of the meaning on the line in front of the word.

Then find the verb in the story. Write the name of the person or thing who performed the action. The first one has been done for you.

__f__ 1. mouth   the dog/General _____   a. shut with a bang

_____ 2. clumped _____   b. made a low cry

_____ 3. jerked _____   c. walked heavily

_____ 4. rattled _____   d. went down on the knees

_____ 5. whined _____   e. move with a twisting motion; whirl

_____ 6. poked _____   f. to grab with the mouth

_____ 7. slammed _____   g. made short, sharp sounds

_____ 8. knelt _____   h. thrust or pushed

_____ 9. swirl _____   i. pulled suddenly

B. Write the Spanish words from the story to match the English words below. Use clues in the story to help you.

1. I think so   _____

2. Thank you   _____

3. You're welcome   _____

Name_____

Abuelita

Reading a Map

Study the map. Then answer the questions below.

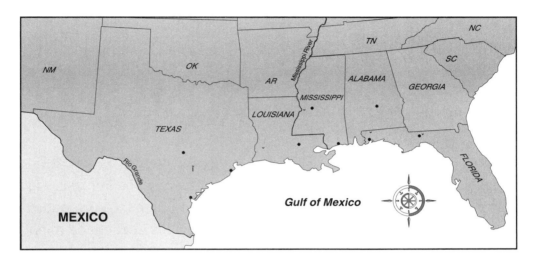

1. Which states border the Gulf of Mexico?

   _____

2. Which state on the Gulf of Mexico is closest to Mexico?

   _____

3. Is this state north, south, east, or west of Mexico?

   _____

4. Name the three cities in which the story could have taken place.

   _____

5. A *peninsula* is a piece of land that is surrounded on three sides by water.
   Which state on the Gulf of Mexico is a peninsula?

   _____

6. Name two major rivers that empty into the Gulf of Mexico.

   _____   _____

Abuelita

David sabía que su abuelita extrañaba México. Caminaba con él en la playa y le hablaba de las montañas y los cerros verdes que se extendían como una cobija arrugada. Hablaba también acerca de las amistades que había dejado atrás. David la escuchaba mientras sacudía con la mano las conchas que guardaba en su bolsillo.

Ella dejaba que las olas giraran alrededor de los pies mientras contemplaba el golfo en dirección hacia México. El perro del vecino, que los había seguido cuando salieron a caminar, le lamía el tobillo y se quejaba.

"¡Viejo perrito!" Abuelita le decía en español, "¿Tienes hambre? Tu dueño debería de haberte dado de comer." Después sacudió la cabeza.

La abuelita de David no conocía a su vecina, la señora Bass. Sabía que la señora Bass no hablaba español. Abuelita tenía pena de hablar con ella porque temía cometer errores al hablar con ella en inglés. David pensaba que si su abuela pudiera hacerse de algunas amistades se sentiría más contenta. "Yo creo que la señora Bass cuida bien a su perro, abuela," decía David.

La anciana tomó a David del brazo y le dijo en español, "Vamos a casa y démosle de comer a este pobre perro viejo."

Caminaron a través de un sendero estrecho de arena hacia la casa donde vivían. El perro se acostó en el porche, a la sombra de unos arbustos de adelfa. "Yo creo que le gustaría comer carne," dijo David. "Parece ser perro al que le gusta la carne."

"Sí," dijo Abuelita. Sacó una carne del refrigerador y la puso en un plato, en frente del perro. David y su abuela observaron cómo el perro lamía la carne y gemía.

"¿Por qué no quiere comer?" preguntó David.

Read & Understand Fiction, Spanish/English • EMC 5310 • © Evan-Moor Corp.

Abuelita se arrodilló frente al perro y tomó la cabeza del perro entre sus manos. Cuando Abuelita lo tocó, sintió algo a lo largo de su quijada y el perro se retiró bruscamente y gruñó. "Está bien, viejo perro," le dijo mientras le rascaba detrás de las orejas.

"¿Qué le pasa?" preguntó David.

"Creo que le duele un diente," dijo su abuelita.

Entonces se escuchó que la señora Bass azotó la puerta de su casa. Con su voz aguda de anciana, le llamó a su perro. "General, ¿dónde estás?"

"Aquí está, señora Bass," le dijo David en inglés.

La señora Bass subió las escaleras y tímidamente asomó la cabeza a través de los arbustos. "Buenos días," dijo ella en inglés.

"Buenos días," dijo David. Abuelita sólo asintió tímidamente con la cabeza.

"Pensamos que tenía hambre," dijo David. "Pero no quiere comer."

"Lo sé," dijo la señora Bass, asintiendo con tristeza. "Pobre General. No sé qué hacer. No puedo convencerlo de que coma."

"Mi abuelita piensa que tal vez le duele un diente," dijo David.

"¿De verdad?" La señora Bass miró a la abuela con sorpresa. "¿Le duele un diente? ¿Eso es todo?"

David podía ver que su abuela se sentía orgullosa de haber sido ella la que se se diera cuenta del problema. Abuelita asintió de nuevo con la cabeza, esta vez con una sonrisa. "Creo que sí. *I think so.*"

"Voy a llevarlo al veterinario." La señora Bass miró a David con ojos llorosos. "Qué bueno que sólo es eso. Está tan viejo. Pensé que... Tenía miedo que fuera algo más serio." Volteó a ver a Abuelita. "*Thank you.* Gracias."

Tímidamente, pero con la alegría reflejada en el rostro, Abuelita le dijo en inglés, "*You are welcome.* De nada."

Nombre _____

Preguntas acerca de *Abuelita*

1. ¿Por qué se retiró bruscamente el perro y gruñó cuando Abuelita le tocó la quijada?

   _____

2. ¿Dónde toma lugar la historia? ¿Cómo lo sabes?

   _____

   _____

3. ¿De qué tenía temor la abuelita de David al hablar con la señora Bass?

   _____

   _____

4. ¿Qué crees que siente la señora Bass por General? Apoya tu respuesta con datos que se mencionan en la historia.

   _____

   _____

5. ¿Cómo describirías a la abuelita de David?

   _____

   _____

6. ¿Crees que Abuelita y la señora Bass puedan llegar a ser amigas algún día? ¿Por qué sí o por qué no?

   _____

7. ¿Qué crees que sucederá después en la historia?

   _____

   _____

Nombre _____

Abuelita
Vocabulario

A. Los verbos son palabras que nombran una acción. *Correr, llorar* y *sonreír* son verbos.

Relaciona cada verbo de la historia con su significado. Escribe la letra del significado en la línea a un lado de la palabra. Después encuentra el verbo en la historia. Escribe el nombre de la persona o el objeto que efectúa esa acción. El primer ejercicio ya está resuelto para ti.

__f__ 1. lamía	_el perro/General_	a. cerró con fuerza
_____ 2. contemplaba	_____	b. lloraba suavemente
_____ 3. se retiró	_____	c. miraba
_____ 4. sacudía	_____	d. se apoyó en las rodillas
_____ 5. se quejaba	_____	e. se movían en forma circular
_____ 6. asomó	_____	f. probaba con la lengua
_____ 7. azotó	_____	g. movía algo repetidamente
_____ 8. arrodilló	_____	h. meter para ver
_____ 9. giraran	_____	i. se movió para atrás

B. Escribe las palabras o frases en inglés que significan lo mismo que las siguientes palabras. Usa pistas de la historia para ayudarte.

1. Creo que sí _____

2. Gracias _____

3. De nada _____

Nombre _____

Abuelita
A leer mapas

Estudia el mapa. Después, responde a las siguientes preguntas.

1. ¿Qué estados rodean el Golfo de México?

   _____

2. ¿Cuál de los estados que rodean el Golfo está más cerca de México?

   _____

3. ¿Ese estado se encuentra al sur, norte, este u oeste de México?

   _____

4. Nombra las tres ciudades donde podía haber sucedido esta historia.

   _____

5. Una *península* es un pedazo de tierra rodeado de agua por tres de sus lados. ¿Qué estado en el Golfo de México es una península?

   _____

6. Nombra dos ríos que desembocan en el Golfo de México.

   _____   _____

A Letter from the President

Sam set his books on the table and looked for Gramps. Gramps was in charge of the house while Sam's mom and dad were at work. The patio door was open. Gramps was sitting on a garden bench. He didn't look at Sam or say hello.

"He's probably tired of waiting," Sam thought. "I'm late, but Gramps shouldn't be mad. I was working on my science project. He's always telling me to study."

Sam picked up a letter off the floor. It had President George H. W. Bush's name on it.

He took the letter to Gramps. "You got a letter from the president?" he asked.

Gramps nodded. "And twenty thousand dollars."

"How come?" Sam asked. "Is the president hiring you to write his speeches or something?"

"It's reparation for being in the camp," Gramps said. "It's a payment from the government."

"What camp? What's a reparation?" Sam didn't understand very much—just that "serious injustices" were done to Japanese Americans during World War II.

"I should have talked to you about it before. I was afraid you'd think I'd done something wrong, so I didn't say anything. Now the president says the government was wrong—not the Japanese Americans.

"The United States came into World War II after the Japanese Navy bombed Pearl Harbor in Hawaii in 1941. The government thought Japanese Americans were dangerous and that they would try to help Japan. My family had to leave our farm. We sold some of the animals, and I gave my dog to a friend at school. I couldn't keep him. We could just take what we could carry."

"Where did you go?" Sam asked.

"We were sent to Tule Lake, California. There were soldiers and barbed wire to keep us interned, or confined, inside the camp."

"How could they do that if you didn't do anything?" Sam asked.

"We had to do what the soldiers said."

"Did you have a house there?" Sam asked.

"We had one room for the whole family. There was a building for showers and a dining hall for meals. There wasn't much rice or meat. We raised some chickens. After a few weeks, people started classes. My father helped make furniture for the camp. My mother sewed. Some people started a school."

"You stayed in a camp for the whole war?" Sam asked. "Just like a prisoner? No one realized the government made a mistake?"

"Some people knew it was wrong, but no one did anything about it. My brother Mike left the camp to fight in the war for the United States. He and other Japanese American soldiers were in the 442nd Division in the army. Mike didn't come home. He lost his life defending his country."

"After the war, what did you do?" Sam asked.

"When we went home, someone was living on our farm. They had papers that said the land belonged to them. Farmers wouldn't hire my dad because he was Japanese. There was this company that made frozen and canned food in New Jersey. They hired people from the camps because they were good workers. We went there. The company had schools and houses. My parents worked hard and saved their money so my brother, sister, and I could go to college."

"Are you going to take a trip or buy a new car with the money?" Sam asked.

"No," Gramps said. "I'm going to put it in a fund for your college. That's the best way to spend it. During the war, we lost our freedom and all the things we had. But no one could take what we had learned away from us. That's why I want you to study. You'll have something valuable you can carry with you—something you can always use."

President of the United States of America
1600 Pennsylvania Avenue
Washington, D.C.

Mr. Samuel Uchida
100 Main Street
Hometown, California
90000

Name_____

Questions About *A Letter from the President*

1. Why did Gramps receive a letter from President Bush?

_____

_____

2. What happened to many people of Japanese origin who lived in the United States during World War II? Why?

_____

_____

3. Describe the camp where Gramps lived during World War II.

_____

_____

_____

4. How did Gramps' family lose their farm?

_____

_____

5. What does Gramps want to do with the money he received? Why?

_____

_____

Name_____

A Letter from the President
Vocabulary

Complete the crossword puzzle using the words in the Word Box.

Word Box					
reparation	prisoner	serious	realized	injustices	fund
Hawaii	government	barbed wire	Japanese	interned	

Across

3. the system that sets and enforces rules

4. unfair actions

7. islands that became a state in 1959

8. a person who is confined or not allowed freedom

10. confined

11. money set aside for a special purpose

Down

1. fencing with pieces of sharp wire that poke out

2. important; severe

5. people from the country of Japan

6. payment for wrongs done to others

9. understood

Read & Understand Fiction, Spanish/English • EMC 5310 • © Evan-Moor Corp.

Name_____

A Letter from the President

A History Lesson

Read the following information about laws and court rulings that affected the way Japanese Americans lived.

Fill in the spaces using words from the Word Box. Use clues in the sentences and the story to help you decide which words to use.

Word Box				
law	illegal	citizens	internment	Hawaii
discriminated	California	immigrants	detention	

Asian Americans contributed much to the growth of the United States. They helped build the railroads that connected the western part of the country with the East. They worked on farms and operated businesses in _____, _____, and other western states. Despite these contributions, there were earlier laws that _____ against Japanese Americans and other Asians living in the United States.

In 1913, the Alien Land Act in California made it _____ for Asians to own land for farming or other purposes. Immigrants often recorded names of their relatives or children who were born here as the owners. That way, they could have a place to farm. In 1920, it became illegal in California for Asian _____ to rent or farm land belonging to someone else.

In 1922, courts in the U.S. ruled that people born in Japan could not become _____ of the United States.

In 1924, a _____ was passed that banned all immigration from Asia.

In spite of these laws and their _____ during World War II in _____ camps, Japanese Americans did not give up their dreams for equal rights. They have worked and studied to become scientists, lawyers, doctors, business people, and successful farmers.

Sam puso sus libros en la mesa y buscó a Abuelo. Abuelo estaba encargado de la casa mientras que la mamá y el papá de Sam trabajaban. La puerta del patio estaba abierta. Abuelo estaba sentado en una banca del jardín. No volteó a ver a Sam ni lo saludó.

"Probablemente se cansó de esperar," pensó Sam. "Es tarde, pero Abuelo no debería estar enojado. Estaba trabajando en mi proyecto de ciencias. Él siempre me dice que estudie."

Sam recogió una carta del suelo. La carta tenía escrito el nombre del Presidente George H. W. Bush.

Llevó la carta a donde estaba Abuelo. "¿Te llegó una carta del presidente?" le preguntó. Abuelo asintió con la cabeza. "Y veinte mil dólares."

"¿Por qué?" preguntó Sam. "¿Te acaba de contratar para que le escribas sus discursos?"

"Es una compensación por haber pasado tiempo en el campamento," dijo Abuelo. "Es un pago del gobierno."

"¿Qué campamento? ¿Qué es una compensación?" Sam no entendía mucho—sólo que "injusticias serias" fueron cometidas contra los japoneses-americanos durante la Segunda Guerra Mundial.

"Debí haber hablado contigo de esto antes. Temía que pensaras que yo había hecho algo indebido, así que no te dije nada. Ahora el presidente dice que el gobierno estaba equivocado—no los japoneses-americanos.

"Los Estados Unidos entró a la Segunda Guerra Mundial después de que la fuerza aérea japonesa bombardeara a Pearl Harbor en Hawaii en 1941. El gobierno creía que los japoneses-americanos eran peligrosos y que tratarían de ayudar a Japón. Mi familia tuvo que dejar la granja. Vendimos algunos de los animales y yo le regalé mi perro a un amigo de la escuela. No pude quedarme con él. Sólo podíamos llevar lo que podíamos cargar."

"¿A dónde se fueron?" preguntó Sam.

"Nos mandaron a Tule Lake, California. Allí había soldados y el lugar estaba cercado con alambre de púas para mantenernos adentro, confinados dentro del campamento."

"¿Cómo pudieron haber hecho eso si ustedes no habían hecho nada?" preguntó Sam.

"Teníamos que hacer lo que nos dijeran los soldados."

"¿Tenían una casa ahí?"

"Teníamos una habitación para toda la familia. Había un edificio para bañarse y un comedor. No había mucho arroz o carne. Criábamos algunos pollos. Después de varias semanas la gente empezó a dar clases. Mi padre ayudó a hacer muebles para el campamento. Mi madre cosía. Algunas personas empezaron una escuela."

"¿Se quedaron en el campamento durante el tiempo que duró la guerra?" preguntó Sam. "¿Como si fueran prisioneros? ¿Nadie se dio cuenta de que el gobierno estaba equivocado?"

"Algunas personas reconocían que estaba mal, pero nadie hizo nada al respecto. Mi hermano Mike dejó el campamento para pelear en la guerra para los Estados Unidos. Él y otros soldados japoneses-americanos estuvieron en la División 442 del ejército. Mike no regresó a casa. Perdió la vida defendiendo a su país."

"¿Qué hicieron después de la guerra?" preguntó Sam.

"Cuando regresamos a casa, alguien ya vivía en nuestra granja. Tenía papeles que decían que la tierra le pertenecía. Los dueños de las granjas no querían contratar a mi papá porque era japonés. Había una compañía en Nueva Jersey que producía comida enlatada y congelada. Contrataban a gente del campamento porque era muy trabajadora. Fuimos allí. La compañía tenía escuelas y casas. Mis padres trabajaron muy duro y ahorraron dinero para que mi hermano, mi hermana y yo pudiéramos asistir a la universidad."

"¿Vas a irte de viaje o comprar un automóvil nuevo con el dinero?" preguntó Sam.

"No," dijo Abuelo. "Voy a ponerlo en un fondo para tus gastos de la universidad. Es la major manera de gastarlo. Durante la guerra, perdimos nuestra libertad y todo lo que teníamos. Pero nadie pudo quitarnos lo que habíamos aprendido. Por eso quiero que estudies. Tendrás algo muy valioso que podrás cargar contigo—algo que siempre podrás usar."

Nombre _____

Preguntas acerca de *Una carta del presidente*

1. ¿Por qué recibió Abuelo una carta del presidente de los Estados Unidos?

   _____

   _____

   _____

2. ¿Qué les sucedió a muchas personas de orígen japonés que vivía en los Estados Unidos durante la Segunda Guerra Mundial? ¿Por qué?

   _____

   _____

   _____

3. Describe el campamento donde vivió Abuelo durante la Segunda Guerra Mundial.

   _____

   _____

   _____

   _____

4. ¿Cómo perdió su granja la familia de Abuelo?

   _____

   _____

5. ¿Qué quiere hacer Abuelo con el dinero que recibió? ¿Por qué?

   _____

   _____

Nombre _____

Una carta del presidente
Vocabulario

Completa el siguiente crucigrama con las palabras de la Caja de palabras.

Caja de palabras

compensación	prisionero	serio	entendió	injusticias	Hawaii
confinado	gobierno	fondo	japoneses	alambre de púas	

Horizontal

2. encerrado; preso

4. tipo de cerca que tiene puntas muy picudas

5. acciones que no son justas

8. persona que es privada de su libertad

9. importante; severo

10. dinero que se aparta para un propósito especial

Vertical

1. se dio cuenta

2. pago por injusticias que se cometen en contra de otros

3. islas que se convirtieron en estado en 1959

6. personas de Japón

7. el sistema que establece y vigila el cumplimento de las reglas

Nombre _____

Una carta del presidente
Una lección de historia

Lee la siguiete información acerca de las leyes y las decisiones de la corte que afectaron la manera en que los japoneses-americanos vivían.

Completa las oraciones con palabras de la Caja de palabras. Usa pistas de las oraciones y de la historia para que decidas qué palabras debes usar.

Caja de palabras			
confinamiento	inmigrantes	ilegal	ciudadanos
discriminaban	California	ley	detención

Los asiático-americanos contribuyeron mucho para el crecimiento de los Estados Unidos. Ayudaron a construir los ferrocarriles que conectaban la zona del oeste con la del este del país. Trabajaron en granjas y operaban negocios en _____ y otros estados del oeste. A pesar de estas contribuciones, existieron leyes que _____ a los japoneses-americanos y otros asiáticos que vivían en los Estados Unidos.

En 1913, el Alien Land Act (decreto que prohibía la posesión de terrenos por parte de extranjeros) hizo _____ la posesión por asiáticos de sus propios terrenos para el cultivo y otros propósitos. Con frecuencia los inmigrantes designaban como propietarios a parientes e hijos nacidos en este país. De esta manera podían tener un lugar para cultivar. En 1920, se hizo ilegal en California que los _____ asiáticos rentaran o cultivaran la tierra que pertenecían a otras personas.

En 1922, las cortes de los Estados Unidos decidieron que la gente nacida en Japón no podía convertirse en _____ de los Estados Unidos.

En 1924, se aprobó una _____ que prohibía la inmigración de Asia.

A pesar de estas leyes y de su _____ en centros de _____ durante la Segunda Guerra Mundial, los japoneses-americanos no se dieron por vencidos con respecto a su sueño de tener los mismos derechos. Trabajaron y estudiaron para poder convertirse en científicos, abogados, médicos, gente de negocios y granjeros triunfadores.

Read & Understand Fiction, Spanish/English • EMC 5310 • © Evan-Moor Corp.

"Watch where you step up there!" Grandpa called. "There's a pull string to turn on the light."

Daniel didn't like the dark, dusty attic. "I don't see what this place has to do with Clark's humongous feet," he grumbled.

I turned on the light. "They're not humongous," I said, but they were. I had the biggest feet in the sixth grade.

"Do you see it?" called Grandpa. "It should be wedged between some boards on the back wall."

I saw it. When I touched the wooden box, globs of dust floated to the ground. The box was stuck fast. "Come here," I said to Daniel. "It's stuck."

Together, we wrapped our hands around it and pulled as hard as we could. When the box suddenly scraped free, Daniel fell to the attic floor. His fall sent up low flurries of dust.

"You boys all right?" Grandpa asked when he heard the thud.

"Daniel fell, but he's not hurt." I helped my brother up. "I guess my *humongous* feet helped me keep my balance." I heard Grandpa laugh.

When we brought the box down, Grandpa led us to the kitchen table. He sat down before opening it.

"What's in it?" Daniel wanted to know.

"Cardboard shoes," said Grandpa. "Size humongous."

Cardboard shoes? I was as confused as Daniel was, and I said so.

"Well, you see, Clark," said Grandpa, "your mother told me how unhappy you were about outgrowing your favorite shoes. I remembered something I hadn't thought about in over fifty years." He took a shoe out of the box, handing it to me. "The same thing happened to me in…." He reached into the box, pulled out a crumbling brown envelope, and read, "in 1945."

The shoe in my hand looked like an ordinary shoe, but really old. It seemed pretty lightweight, too. Compared to these, my new, sort of huge sneakers didn't seem so bad. "Are they really cardboard?" I asked.

Grandpa nodded. "They were called imitation leather, I think, but they're actually cardboard. In 1945, America was at war. There were an awful lot of soldiers needing shoes. The government told families here at home that they could buy only so many leather shoes each year. When a boy outgrew his leather shoes, he got shoes made of something else like canvas or cardboard. Those shoes weren't as good as leather ones, though."

He wiped some of the dust off the cardboard shoe in my hand. "I had fast-growing feet, like you. My leather shoes were pretty important to me. When my feet outgrew them, I tried to keep it from my mother. I didn't want to give them to my brother, Arthur. Arthur told Mother that my shoes were too small. I think his were probably too small, too, and he wanted mine. Anyway, she gave him mine and took me to the store to buy a pair of cardboard shoes. Boy, was I mad!"

He paused, his thumbs stroking the brown envelope. It was smaller than a normal envelope—maybe two or three inches square. The front of it read "War & Navy Departments, V-mail Service, Official Business." He went on, "Then we got a letter from my daddy, who was stationed at an air base in Italy. He wrote about how he missed us all, and we missed him terribly. Mother pored over his letter for hours."

From the little envelope, Grandpa took a miniature letter and handed it to me. In shrunken handwriting, the letter read:

February 10, 1945

Dear Linda,
    Just a few lines to let you know I'm okay. I've been here for four weeks now and still have gotten no mail. I sure hope it catches up with me soon.
    This is the rainiest place I have ever seen. I miss our warm house, Saturday night dominoes, and Jack Benny on the radio. Most of all, I miss you and the boys. Give them each a hug for me.
    Write often. I'll get all your letters eventually, I think.
                                Love,
                                Ben

Turning the letter over in my hands, I asked, "Why is it so small?"

"And who's Jack Benny?" Daniel piped.

"Jack Benny," Grandpa smiled, "had a radio show. You see, we had no television or video games then. After dinner, we gathered around the radio and listened to mystery plays, news reports, or comedians, like Jack Benny. On Saturday nights, we all went over to somebody's house. There the adults played dominoes. We kids played outside in the dark.

"The letter is small because it's a V-letter. These were made small, so they would be lightweight. That way lots of letters could be flown across the ocean. They got home faster than regular mail. Letters were our main connection to my daddy, so they were very important."

"Didn't you have a phone?" I asked.

"It wasn't easy back then to call overseas," Grandpa answered. "It sometimes took all day to get a call through. Then, often as not, there was so much static we could barely hear each other."

Daniel got up and poured himself a glass of water. "So does this have something to do with Clark's humongous feet?" he asked. He always seemed to want to talk about my humongous feet.

"In a way," said Grandpa. "I was so mad about having to give Arthur my shoes that I took Daddy's letter and my cardboard shoes. I hid them in the attic. It was pure meanness." He shook his head slowly. "I told Mother I'd lost the shoes. Arthur got a pair of canvas shoes. Mother let me wear my leather ones to school until our ration coupons came in. After a few months, my feet had grown so much I could hardly get those shoes on. How they did hurt! Mother never said a word about the letter, but I think she knew I took it."

Daniel asked, "What are ration coupons?"

"Well, you see, lots of things were hard to get during the war, because the soldiers needed so many things. Leather, tires, gasoline...all these things were rationed. That meant people couldn't buy them without ration coupons from the government. Everybody got enough coupons to buy what they really needed, but no more than that."

I couldn't help myself. I had to look under the table. I was astounded to see two normal-sized feet attached to Grandpa's legs. "What happened to your feet, Grandpa?" I asked. "They're not big now."

He looked meaningfully at me and said, "I grew into them. And you will, too." Then he told me to put my foot on the edge of the table. Holding the cardboard shoe up to it, he laughed. "Would you look at that!"

Daniel's jaw dropped. "Grandpa!"

"How old were you when your feet were that big?" I asked.

Scratching his head, he mused, "Well, let's see, that was 1945, so that means I was 11 years old. A year younger than you!"

We all laughed out loud. The shoe was at least an inch longer than mine!

Name_____

Questions About *V-Mail and Cardboard Shoes*

1. Where did Daniel and Clark find the box? What was in it?

_____

_____

2. When did Grandpa hide the box? Why did he do it?

_____

_____

3. Why did Grandpa want to show the shoes to Clark?

_____

_____

4. How was family life different for Grandpa's family back in 1945?

_____

_____

5. Why were many things in short supply in 1945?

_____

_____

6. How do you think Grandpa felt, as a grown-up, about having hidden the letter from his mother so long ago? What clues in the story help you know?

_____

_____

Name_____

V-Mail and Cardboard Shoes
Vocabulary

A. Read the sentences below. Then write as many synonyms as you can for the underlined words. Use the back of the paper if you need more room.

1. Daniel called Clark's feet <u>humongous.</u>

_____   _____   _____

_____   _____   _____

_____   _____   _____

2. The letter was described as <u>miniature.</u>

_____   _____   _____

_____   _____   _____

_____   _____   _____

B. Use these words to complete the sentences below.

wedged	dominoes	astounded	comedian	mused

1. Robert keeps everyone laughing with his jokes. He is such a _____!

2. My brother's favorite game is _____. He likes to build things with the little blocks when we are finished playing.

3. Outside Katie's back door, there is an emergency key _____ between two bricks.

4. I expected to get an "A" on my book report. When Ms. Wu handed it to me, I was

   _____ to see a "C" at the top of my paper.

5. "Hmm," the teacher _____, "let me think about that question for a moment."

Name_____

V-Mail and Cardboard Shoes
Then and Now

1. When Grandpa was a boy, his family liked to spend free time listening to the radio or playing dominoes with friends. How do you like to spend your free time?

_____

_____

_____

2. What are some other ways in which Grandpa's childhood was different from yours? How was it the same?

_____

_____

_____

3. The letter from Grandpa's father reveals a lot about what life was like for this family in the 1940s. Write a letter to your future grandchildren. Tell them what you would like them to know about the way you live now.

_____

_____

_____

_____

_____

_____

_____

Correo de la victoria y zapatos de cartón

"¡Cuidado al subir allí!" dijo Abuelo. "Hay un cordón para prender la luz."

A Daniel no le gustaba el oscuro y polvoso desván. "No sé qué tiene que ver este lugar con los pies enormes de Clark," gruñó.

Prendí la luz. "No son emormes," le dije, pero sí lo eran. Yo tenía los pies más grandes del sexto grado.

"¿La ves?" dijo Abuelo. "Debe estar atrapada entre las tablas de la pared trasera."

La vi. Cuando toqué la caja de madera, motas de polvo flotaron sobre el suelo. La caja estaba atorada. "Ven acá," le dije a Daniel. "Está atorada."

Juntos, la agarramos y la jalamos tan fuerte como nos fue posible. La caja se soltó repentinamente y Daniel se cayó al piso del desván. Al caerse se levantaron nubes de polvo.

"¿Están bién, niños?" preguntó Abuelo al escuchar el golpe.

"Daniel se cayó, pero no se lastimó." Ayudé a mi hermano a que se levantara. "Creo que mis enormes pies me ayudaron a mantener el equilibrio." Escuché reír a Abuelo.

Cuando bajamos la caja, Abuelo nos llevó a la mesa de la cocina y se sentó antes de abrir la caja.

"¿Qué hay adentro?" Daniel quería saber.

"Zapatos de cartón," dijo Abuelo. "Talla enorme."

¿Zapatos de cartón? Yo estaba tan confundido como Daniel y se lo dije.

"Bueno, ves, Clark," dijo Abuelo, "tu mamá me dijo lo triste que te sentías porque tus zapatos te quedan muy chicos. Eso me hizo recordar algo que sucedió hace casi cincuenta años." Sacó un zapato de la caja y me lo dio. "A mí me sucedió lo mismo en..." Metió la mano en la caja, sacó un sobre café que estaba a punto de deshacerse y leyó, "en 1945."

El zapato que tenía en mi mano parecía un zapato ordinario, sólo que muy viejo. También parecía muy ligero. Comparado con éstos, mis enormes zapatos no se veían tan mal. "¿De verdad son de cartón?" pregunté.

Abuelo asintió. "Se decía que eran imitación de cuero, pero en realidad son de cartón. En 1945, los Estados Unidos estaba en guerra. Muchos soldados necesitaban zapatos cada año. Cuando los zapatos de cuero de un niño ya no le quedaban, le hacían zapatos de otro material como tela o cartón. Sin embargo, no eran tan buenos."

Limpió el polvo del zapato de cartón que yo tenía en la mano. "Mis pies crecían tan rápido como los tuyos. Los zapatos de cuero eran muy importantes para mí. Cuando mis pies crecían, trataba de que mi mamá no se enterara. No quería dárselos a mi hermano Arthur. Arthur le decía a Mamá que mis zapatos me quedaban demasiado pequeños. Yo creo que los zapatos de él también le quedaban demasiado pequeños y quería mis zapatos. Entonces, Mamá le dio mis zapatos y me llevó a la tienda a comprar un par de zapatos de cartón. ¡Yo estaba tan enojado!"

Abuelo hizo una pausa mientras acariciaba el sobre con sus dedos. Era más pequeño que un sobre regular—tal vez de dos o tres pulgadas cuadradas. En el frente decía "Departamentos de Guerra y Marina, Servicio de Correos de la Victoria, Asuntos Oficiales." Él continuó, "En ese entonces nos llegó una carta de mi papá, quien estaba en una base aérea en Italia. Nos escribió diciéndonos cuánto nos extrañaba. Nosotros lo extrañábamos muchísimo. Mamá leyó su carta varias veces."

Abuelo sacó una carta miniatura del pequeño sobre y me la dio. En letra muy pequeña decía lo siguiente:

10 de febrero de 1945

Querida Linda:

Te mando estas breves líneas para que sepas que estoy bien. Tengo cuatro semanas aquí y aún no he recibido correspondencia. Espero que pronto me llegue.

Éste debe ser el lugar más lluvioso que yo haya visto. Extraño nuestra casa, los juegos de dominó de los sábados por la noche y a Jack Benny en la radio. Pero lo que más extraño es a ti y a los niños. Dales un abrazo de mi parte.

Escribe seguido, que después me llegarán tus cartas, creo yo.

Con amor,
Ben

"¿Por qué es tan pequeña?" pregunté mientras volteaba la carta en mis manos.

"¿Y quién es Jack Benny?" preguntó Daniel.

"Jack Benny," sonrió Abuelo, "tenía un programa de radio. En esa época no teníamos televisión o juegos de video. Después de la cena nos reuníamos alrededor de la radio y escuchábamos cuentos de misterio, noticias o comedias, como la de Jack Benny. Los sábados por la noche íbamos a la casa de alguno de nuestros amigos. Los adultos jugaban dominó. Los niños jugábamos afuera aunque ya fuera de noche.

"La carta es pequeña porque es una carta de la victoria. Esas cartas eran pequeñas para que fueran ligeras. Así podían enviarse más cartas fuera del país. Llegaban a su destino más rápido que el correo regular. Las cartas eran nuestra única conexión con mi papá, así que eran muy importantes."

"¿No tenías teléfono?" le pregunté.

"No era fácil en esa época llamar al extranjero," contestó Abuelo. "A veces se tomaba todo el día para hacer una llamada. Frecuentemente las líneas tenían tanta estática que no se podía escuchar bien."

Daniel se levantó y se sirvió un vaso de agua. "Entonces, ¿tiene esto algo que ver con los enormes pies de Clark?" preguntó él. Parecía que él siempre quería hablar de mis pies enormes.

"De cierta forma," dijo Abuelo. "Estaba tan enojado por tener que darle mis zapatos a Arthur que tomé la carta de papá y mis zapatos de cartón y los escondí en el desván. Fue por pura malicia." Sacudió la cabeza lentamente. "Le dije a mi mamá que había perdido mis zapatos. A Arthur le compraron unos zapatos de tela. Mamá me dejó usar mis zapatos de cuero para ir a la escuela hasta que recibimos nuestros cupones de ración. Después de unos meses mis pies habían crecido tanto que los zapatos casi no me entraban. ¡Me lastimaban tanto! Mi mamá nunca me dijo una palabra acerca de la carta, pero creo que ella sabía que yo la había tomado."

"¿Qué eran los cupones de ración?" preguntó Daniel.

"Bueno, muchas cosas eran difíciles de obtener durante la guerra porque los soldados necesitaban muchas cosas. Cuero, llantas, gasolina... todas estas cosas estaban racionadas. Eso significa que la gente no podía comprarlas sin cupones del gobierno. Todos tenían suficientes cupones para comprar lo que necesitaban, pero nada más."

No pude aguantarme. Tenía que mirar debajo de la mesa. Me sorprendió ver que los pies de Abuelo eran de talla normal. "Abuelo, ¿qué pasó con tus pies?" le pregunté. "Ya no son grandes."

Él me miró fijamente y me dijo, "El resto de mi cuerpo creció también. Y a ti te pasará lo mismo." Luego me dijo que pusiera mi pie en la orilla de la mesa. Sostuvo el zapato de cartón y se rio, "¡Mira esto!"

Daniel se quedó boquiabierto. "¡Abuelo!"

"¿Cuántos años tenías cuando tus pies eran así de grandes?" le pregunté.

Abuelo musitó, rascándose la cabeza, "Pues, déjame ver, eso fue en 1945, así que quiere decir que yo tenía 11 años. ¡Un año más que tú!"

Todos nos reímos. ¡El zapato medía al menos una pulgada más que el mío!

Nombre _____

Preguntas acerca de
Correo de la victoria y zapatos de cartón

1. ¿Dónde encontraron la caja Daniel y Clark? ¿Qué había adentro?

   _____

   _____

2. ¿Cuándo había escondido la caja Abuelo? ¿Por qué la había escondido?

   _____

   _____

3. ¿Por qué quería Abuelo enseñarle los zapatos a Clark?

   _____

   _____

4. ¿En qué forma era diferente la vida para la familia de Abuelo en 1945?

   _____

   _____

5. ¿Por qué se racionaban muchas cosas en 1945?

   _____

   _____

6. ¿Cómo crees que se sintió Abuelo ya de adulto por haber escondido la carta hacía tanto tiempo? ¿Qué detalles de la historia te ayudan a creer esto?

   _____

   _____

   _____

Correo de la victoria y zapatos de cartón
Vocabulario

A. Lee las siguientes oraciones. Después escribe sinónimos que recuerdes para las palabras que se encuentran subrayadas.

1. Daniel dijo que los pies de Clark eran <u>enormes</u>.

   _____ _____ _____

   _____ _____ _____

   _____ _____ _____

2. La carta era una <u>miniatura</u>.

   _____ _____ _____

   _____ _____ _____

   _____ _____ _____

B. Usa las siguientes palabras para completar las oraciones de abajo.

   atrapada   dominó   sorprendió   comediante   musitó

1. Roberto siempre nos hace reír con sus bromas. Es un buen _____.

2. A mi hermano le gusta jugar _____. Le gusta construir cosas con los bloques cuando terminamos de jugar.

3. Afuera de la puerta de Katie hay una llave de emergencia _____ entre dos ladrillos.

4. Esperaba sacarme una "A" en mi informe acerca del libro, así que me

   _____ ver una "C" en mi tarea.

5. "Hmm," _____ la maestra. "Déjame pensar en esa pregunta por un momento."

Nombre _____

Correo de la victoria y zapatos de cartón
Antes y ahora

1. Cuando Abuelo era niño, a su familia le gustaba pasar el tiempo libre escuchando la radio o jugando dominó con los amigos. ¿A ti cómo te gusta pasar tu tiempo libre?

   _____

   _____

   _____

2. ¿En qué forma fue diferente la niñez de Abuelo a la tuya?

   _____

   _____

   _____

3. La carta de Abuelo revela mucho acerca de cómo era la vida para esta familia en la década de 1940. Escríbele una carta a tus futuros nietos. Diles qué te gustaría que supieran acerca de la manera en que vive la gente ahora.

   _____

   _____

   _____

   _____

   _____

Journey to America—1848

I didn't want to let go, but Mr. O'Brien gently moved me away from Mother. "There now, Bridget," he said, "I'll be leaving you behind if you don't hurry." He picked me up and set me in the wagon next to my brother Paul.

Mother took off her shawl and wrapped it around me. "A little bit of Ireland to keep you warm when you're on the sailing ship."

"Take good care of them, Mary Finney," Mother said as the horses started out.

"Like my own," Mary replied. "I'll take them to your brother when we reach Boston."

Our bags were filled with food for the long journey. It was all Mother could spare. The potato crop had rotted. All the wheat we raised went to pay the tax collector.

Uncle James, Mother's brother, sailed to America two years ago. He wrote to tell Mother what a fine place Boston was. He sent some money with a sailor who was returning to Ireland. There wasn't enough for all of us to go to America. When Mother's friend, Mary, was leaving to join her husband in Boston, Mother decided it would be better for us there. She promised she would come later.

Paul, who was eight, two years younger than I, started to cry. I held his hand as tight as I could. "We're together," I said. "We'll help each other." Someone in the back of the wagon started to sing a song about leaving Ireland. Soon everyone was singing.

It was a long journey to the ship that would take us to America. We stopped at night to rest the horses. People slept in the wagon or under it. I made sure Paul ate very little of the food in his bag so it would last the whole voyage.

When we reached the dock, Mary told the official that we were her dear children. He looked us over and then wrote on some papers and handed them to Mary.

Sailors helped us on board and sent us to a room below the deck. We found three beds that hadn't been taken. The beds were hard boards that were stacked like the shelves in Mother's kitchen—one above the other. That first night we slept poorly, listening to the creaking ship rock on the waves.

During the long days at sea, we sang and listened to the stories the passengers told. Paul, Mary, and I took turns keeping the rats away from our food. We shared our provisions with those who had little to eat. Many people were sick during the voyage. Sometimes the sickness was caused by the boat rocking on the waves, but often people came down with the fever. Two people died.

We sailed six weeks before we reached Boston. When we left the ship, Paul and I stood on the dock, breathing the fresh air. Mary didn't feel well, but she laughed and joked while the doctors examined us so they would think she was healthy. No one who came off that ship felt well. The smells from all the people crowded together for so long made everyone ill.

Mary sent word to her husband Nicholas that we were in Boston. He came the next morning.

We rode to Uncle James's boarding house in a wagon Nicholas had borrowed. A young woman answered the door.

"We've come to see James." Nicholas said.

"I'd like to see him, too," the woman answered. "He's gone without paying the rent that was due. He didn't come back yesterday evening."

Nicholas took some coins from his pockets. "Take this for what you're due. Send James's belongings to Nicholas Finney at the Beckett House. I'll be found in the rooms over the stable."

"I don't know where to look for James," Nicholas said when we were in the wagon. "He may have left the city for work. Don't worry, he'll write to your mother and let her know where he is."

"I'll have to tell the Becketts about you. Mary will be working in the kitchen for her food and keep, but I don't know what they will say about two children."

"We'll work, too," I said. "I can clean and Paul can help with the garden and the horses."

"If they could earn something for their work, we can all save enough for their mother's passage next spring," Mary said.

"After being alone three years, having a family to share my days will be better than having my pockets filled with gold." Nicholas hugged us.

Name_____

Questions About *Journey to America—1848*

1. Why was Bridget's mother sending her children to Boston?

_____

_____

2. What hardships did people face on the voyage to America?

_____

_____

_____

3. Why didn't the children stay with their Uncle James in Boston?

_____

_____

4. What kind of a person was Nicholas? Support your opinion with facts from the story.

_____

_____

_____

5. How did Bridget say she and Paul could help?

_____

_____

6. Do you think a story like this could happen today? Why or why not?

_____

_____

_____

Name_____

Journey to America—1848
Vocabulary

A. Read the definitions of the four similar words below. Then choose the correct word to complete each sentence.

immigrate—(verb) to move from one country to another country to live
immigrant—(noun) a person who moves from one country to another to live
immigrants—(noun) people who move from one country to another to live
immigration—(noun) the act of moving from one country to another to live

1. Paul and Bridget were _____ from Ireland.

2. Their mother planned to _____ to the United States later.

3. Uncle James was an _____ who had come from Ireland two years earlier.

4. _____ to the United States helped people in Ireland when the potato crop failed and they didn't have enough to eat.

B. Use these words from the story to complete the sentences below.

| official | dock | deck | passengers | voyage |
| due | belongings | provisions | passage | |

1. The _____ at the dock filled out the papers for Mary.

2. Nicholas paid the money that was _____.

3. The _____ had a long _____ to America.

4. The children's _____ on the ship was paid for with the money Uncle James had sent.

5. The passengers carried their _____ and _____ to

   living quarters below the _____.

6. They stood on the _____ and breathed the fresh air.

Read & Understand Fiction, Spanish/English • EMC 5310 • © Evan-Moor Corp.

Name _____

Journey to America—1848

A Tight Squeeze

In the 1840s, passengers traveling on sailing ships from Ireland to the United States were crowded into the hold of the ship. The number of passengers on the ships varied. Often there were 400 to 1,000 passengers living in the small space in the hold during the long voyage. The ships' captains received part of the money the passengers paid for their voyage. For that reason, the captains often crowded large numbers of passengers into the hold where products were usually carried.

Follow these directions to find out approximately how much space you would have if you were traveling in 1848 on a sailing ship from England to the United States.

1. If there were 600 passengers, you would have about three square feet of space. Cut four strings, each three feet in length. Arrange them in a square on the floor. That is the approximate space each person would have. Stand and sit in the space.

2. If there were 1,000 passengers, you would have about two square feet of space. Cut four strings, each two feet long. Arrange them in a square on the floor. That is the approximate space each person would have. Stand and sit in the space.

3. Everyone in the class will place their two-foot squares together on the playground. Sit in your square while you complete an activity (workbook page, an art lesson, math exercises, or eat a snack.) Write to tell how you felt while you were working or eating in that small space.

_____

_____

_____

_____

_____

_____

No quería que se fuera, pero el Sr. O'Brien me apartó suavemente de Mamá. "Ándale, Bridget," dijo él. "Voy a tener que dejarte atrás si no te apuras." Él me levantó y me acomodó en un vagón junto a mi hermano Paul.

Mamá se quitó su chal y me envolvió en él. "Un pequeño recuerdo de Irlanda para que te mantengas caliente cuando estés en el barco."

"Cuídalos bien, Mary Finney," Mamá dijo mientras los caballos salían.

"Como si fueran míos," contestó Mary. "Los llevaré con tu hermano cuando lleguemos a Boston."

Nuestras bolsas estaban llenas de comida para el largo viaje. Era todo lo que Mamá había podido darnos. La cosecha de papas se había echado a perder. Todo el trigo que habíamos recogido fue para pagar los impuestos.

Hacía dos años que el tío James, hermano de Mamá, se había embarcado rumbo a América. Le había escrito para decirle lo bonito que era Boston. Había enviado dinero con un marinero que iba de regreso a Irlanda. No había dinero suficiente para que todos pudiéramos viajar a América. Cuando la amiga de Mamá, Mary, se iba a Boston a reunirse con su esposo, Mamá decidió que allá estaríamos mejor y prometió que se nos alcanzaría después.

Paul, que tenía ocho años, dos años menor que yo, empezó a llorar. Le apreté la mano lo más fuerte que pude. "Estamos juntos," le dije. "Nos ayudaremos." Alguien en la parte de atrás del vagón empezó a cantar una canción acerca de irse de Irlanda. Pronto todos estaban cantando.

El viaje para llegar al barco que nos llevaría a América era largo. Nos detuvimos de noche para que descansaran los caballos. La gente dormía en el vagón o debajo de él. Yo me aseguraba de que Paul no se terminara la comida de la bolsa para que durara todo el viaje.

Cuando llegamos al muelle, Mary le dijo al oficial que nosotros éramos sus hijos queridos. Él nos miró y escribió algo en unos papeles que después le dio a Mary.

Los marineros nos ayudaron a abordar y nos enviaron a un cuarto debajo de la cubierta. Encontramos tres camas que aún no habían sido ocupadas. Las camas eran unas tablas duras acomodadas una sobre otra como las repisas en la cocina de Mamá. La primera noche dormimos muy mal, escuchando el rechinido del barco al mecerse en las olas.

Durante esos días largos en el mar, cantamos y escuchamos las historias que contaban los pasajeros. Paul, Mary y yo nos turnábamos para mantener a las ratas alejadas de la comida. Compartíamos nuestras provisiones con aquellos que tenían poca comida. Mucha gente se enfermó durante el viaje. A veces el malestar era a causa del movimiento de las olas, pero frecuentemente se enfermaba de fiebre. Dos personas murieron.

Navegamos por seis semanas antes de llegar a Boston. Al desembarcar, Paul y yo nos detuvimos en el muelle y respiramos el aire fresco. Mary no se sentía bien, pero se reía y bromeaba mientras los doctores nos examinaban para que pensaran que estaba saludable. Ninguna de las personas que venía en el barco se sentía bien. El olor de la gente amontonada por tanto tiempo hacía que todos se enfermaran.

Mary le mandó decir a su esposo Nicholas que estábamos en Boston. Él llegó a la mañana siguiente.

Fuimos a la casa de huéspedes donde vivía el tío James en un vagón que Nicholas había pedido prestado. Una mujer joven abrió la puerta.

"Estamos aquí para ver a James," dijo Nicholas.

"Yo también quisiera verlo," contestó la mujer. "Se fue sin pagar la renta que debía. No regresó ayer en la noche."

Nicholas sacó algunas monedas de sus bolsillos. "Tome esto por lo que le debe. Mande las pertenencias de James a Nicholas Finney a la Casa Beckett. Yo estaré en los cuartos arriba del establo."

"Yo no sé dónde buscar a James," dijo Nicholas cuando ya estaban en el vagón. "Tal vez se fue de la ciudad para buscar trabajo. No se preocupen, ya le escribirá a su mamá y le dirá donde está."

"Tendré que decirles a los Beckett acerca de ustedes. Mary estará trabajando en la cocina por su comida y estancia, pero no sé qué diran de dos niños."

"Nosotros también trabajaremos," dije yo. "Yo puedo hacer la limpieza y Paul puede ayudar con el jardín y los caballos."

"Si pueden ganar algo por su trabajo, podemos ahorrar entre todos para el pasaje de su madre la próxima primavera," dijo Mary.

"Después de estar solo por tres años, el tener una familia con la cual pueda compartir mis días será mejor que tener mis bolsillos llenos de oro." Nicholás nos abrazó.

Nombre _____

Preguntas acerca de *Viaje a América—1848*

1. ¿Por qué envió la mamá de Bridget a sus dos hijos a Boston?

   _____

   _____

2. ¿Qué dificultades enfrentó la gente en su viaje a América?

   _____

   _____

   _____

3. ¿Por qué no se quedaron los niños con su tío James en Boston?

   _____

   _____

4. ¿Qué tipo de persona era Nicholas? Apoya tu opinión con detalles de la historia.

   _____

   _____

   _____

5. ¿Cómo dijo Bridget que ella y Paul podrían ayudar?

   _____

   _____

6. ¿ Crees que una historia como ésta podría suceder hoy en día? ¿Por qué sí o por qué no?

   _____

   _____

Viaje a América—1848

Vocabulario

A. Lee las definiciones de las siguientes palabras similares abajo. Después escoge la palabra correcta para completar cada oración.

inmigrar—(verbo) mudarse de un país a otro
inmigrante—(sustantivo) persona que se muda de un país a otro
inmigrantes—(sustantivo) grupo de personas que se mudan de un país a otro
inmigración—(sustantivo) el acto de mudarse de un lugar a otro

1. Paul y Bridget eran _____ de Irlanda.

2. Su mamá pensaba _____ a los Estados Unidos después.

3. El tío James era un _____ que había venido de Irlanda dos años antes.

4. La _____ a los Estados Unidos ayudó a la gente de Irlanda cuando la cosecha de papas se dañó y no tenían dinero para comer.

B. Usa las siguientes palabras de la historia para completar las oraciones que siguen.

oficial	muelle	pasajeros	pasaje
debía	pertenencias	provisiones	viaje

1. El _____ en el muelle llenó los documentos para Mary.

2. Nicholas pagó el dinero que el tío James _____ .

3. Los _____ realizaron una largo _____ a América.

4. El _____ de los niños había sido pagado con el dinero que había enviado el tío James.

5. Los pasajeros cargaron sus _____ y _____ a sus cuartos debajo de la cubierta.

6. Ellos se detuvieron en el _____ y respiraron aire fresco.

Nombre _____

Viaje a América—1848
Un lugar apretado

En la década de 1840, los pasajeros que viajaban en barcos de Irlanda a los Estados Unidos viajaban amontonados en la bodega del barco. El número de pasajeros en los barcos variaba. Regularmente había de 400 a 1,000 pasajeros viviendo en el pequeño espacio de la bodega durante viajes largos. Los capitanes de los barcos recibían parte del dinero que los pasajeros pagaban por el viaje. Por esa razón, los capitanes a veces amontonaban a muchas personas en la bodega, donde generalmente se almacenaban productos.

Sigue estas instrucciones para calcular aproximadamente cuánto espacio tendrías si fueras a viajar en 1848 en un barco de Inglaterra a los Estados Unidos.

1. Si hubiera 600 pasajeros, tendrías aproximadamente un metro cuadrado (tres pies cuadrados) de espacio. Recorta cuatro tiras de papel, cada una de un metro (aproximadamente tres pies) de largo. Forma un cuadrado en el piso con ellas. Ése es el espacio que cada persona tendría aproximadamente. Párate y siéntate en ese espacio.

2. Si hubiera 1,000 pasajeros, tendrías aproximadamente 66 centímetros cuadrados (dos pies cuadrados) de espacio. Corta cuatro tiras de 66 centímetros (dos pies) cada una. Forma un cuadrado con ellas en el suelo. Ése es el espacio que cada persona tendría aproximadamente. Párate y siéntate en ese espacio.

3. Todos en la clase deben poner sus cuadrados de 66 centímetros (dos pies cuadrados) en el suelo o en el patio. Siéntate en tu cuadrado mientras completas una actividad (una hoja de tarea, una actividad de arte, un ejercicio de matemáticas o mientras comes un bocadillo). Luego escribe acerca de cómo te sentiste mientras estuviste trabajando o comiendo en ese espacio pequeño.

_____

_____

_____

_____

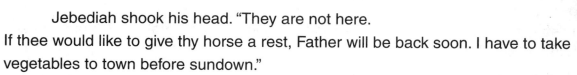

Jebediah's wide-brimmed hat shaded his eyes from the sun. He heard a horse gallop up to him.

"Quaker!" a man called out. "Did you see the runaways? There's a sweet reward for the return of these slaves."

Jebediah looked up at the man. "A fine horse thee has," he said. "The old mare in the barn is too old to pull heavy loads. Father has a mind to buy a new horse."

"This one is not for sale. If you turn those slaves over to me, I'll give you a share of the money, and I won't tell your pa. The slaves are a man and a boy about your age," the man said.

Jebediah shook his head. "They are not here. If thee would like to give thy horse a rest, Father will be back soon. I have to take vegetables to town before sundown."

"I've no time. Every slave-catcher this side of the river is looking for those runaways. If my partners and I don't find them on the road, we'll search all the Quaker barns and houses tonight."

"Good day to thee then," Jebediah said.

Jebediah walked into the barn and put his hand on the back of the brown mare. The horse followed Jebediah outside.

"It is too dangerous to wait for Father's return," Jebediah thought. Word had come yesterday that the two runaways were on their way. If they tried to come to the house for help, they would be caught and sent back. He had to find them and take them to another Friend's house.

Jebediah hitched the mare to the cart. He set a raised cover over the bottom of the cart and piled vegetables on top. There wasn't much room in the hidden compartment, but the runaways could manage.

"I'll take Sister Rebecca to Aunt Sarah's house," Jebediah thought. "No one will suspect anything if my six-year-old sister is riding with me." He hurried to the house.

"Thee won't mind if we go through the woods, Rebecca?" Jebediah asked.

She shook her head, but she looked worried as the cart bumped along the path.

"We will stop and pick some berries for Aunt Sarah. Thee shall have berries and cream for thy dinner."

They stopped near a berry patch and took two pails out of the cart. Jebediah couldn't tell Rebecca the real reason they were in the woods. If the slave-catchers stopped them, it was better she didn't know.

"Thee can start on this side of the berry patch," Jebediah said. "I'll go to another." Jebediah hurried down the path to the muddy riverbank. Vines covered the side of the bank. There were tunnels and a cave hidden under the vines. Runaways often stayed there during the day.

"This is the road!" Jebediah called. He heard someone crawling through the vines. "Follow quickly and climb into the wagon when I lift the cover. There is danger."

Jebediah ran to the wagon and lifted the cover. When he heard footsteps, he left the wagon to meet Rebecca.

"Did thee find ripe berries?" Jebediah asked.

"My pail is full," Rebecca answered.

"The river berries are green," Jebediah said, "but thee has enough. We must be on our way." Jebediah hurried in front of Rebecca and fastened the lid before she reached the wagon. He rearranged the vegetables.

Before they reached town, two men on horses galloped up beside them and pulled on the mare's reins. "Where are you headed?" one man asked.

"I'm going to see Aunt Sarah, and we are having berries and cream," Rebecca said.

"We're searching every wagon on the road," the other man said. He threw the vegetables out of the cart. "Get down! We are turning over the cart!"

Jebediah knew they would find the hollow space if they tipped over the wagon.

"Thee can't have my berries!" Rebecca started to cry. She stood between the men and the cart, clutching her pail.

Before the men could lift her out of the way, another man rode up. It was the slave-catcher who had talked to Jebediah earlier.

"I've been looking for you," he said, "and here you are wasting time with children. There are five Quaker wagons heading into town right now. They must be searched!"

Jebediah knew Mother had given Father his message. The Friends were trying to confuse the slave-catchers.

"We were almost caught," Rebecca said after the men rode off. "I cried as loud as I could."

"I don't know how thee knew, but this is the last time I try to keep a secret from thee," Jebediah said. "Thee and thy sweet freedom berries saved us all."

Read & Understand Fiction, Spanish/English • EMC 5310 • © Evan-Moor Corp.

Name_____

Questions About *Freedom Berries*

1. Why did the visitor come to Jebediah's farm?

_____

_____

2. Why did Jebediah decide to look for the slaves before his father came home?

_____

_____

3. How did Rebecca keep the men from tipping over the wagon?

_____

_____

4. How did Father and the other Quaker Friends help Jebediah?

_____

_____

5. How did the runaways know that Jebediah had come to help them?

_____

_____

6. What clues in the story told you that Jebediah and his family had helped runaway slaves before?

_____

_____

Name_____

Freedom Berries
Vocabulary

Use the words in the Word Box to complete the crossword puzzle.

Across

2. to look carefully for something

4. the part of the hat that circles the head

5. another name for the religious group, the Society of Friends

9. the state of being able to make your own choices and decision

11. something hidden from others

12. the time of day when the sun disappears over the horizon

Down

1. fruit that grows on a vine

3. a space that is between two objects or sections

6. people fleeing slavery

7. another word for a Quaker

8. people who are owned by others

10. a female horse

Word Box

secret	mare	freedom
runaways	brim	berries
search	sundown	Quakers
Friend	compartment	slaves

Read & Understand Fiction, Spanish/English • EMC 5310 • © Evan-Moor Corp.

Name_____

Freedom Berries

What Happened Next?

Write part two of the "Freedom Berries" story. Tell what happened when Jebediah and Rebecca reached Aunt Sarah's house.

_____

_____

_____

_____

_____

_____

_____

_____

_____

_____

_____

_____

_____

_____

_____

_____

_____

El sombrero de ala ancha de Jebediah le protegía los ojos del sol. Escuchó un caballo galopar hacia él.

"¡Cuáquero!" le gritó un hombre. "¿Viste a los fugitivos? Hay una rica recompensa para el que devuelva a esos esclavos."

Jebediah miró al hombre. "Es el suyo un caballo fino," dijo él. "La yegua en el establo es muy vieja para jalar cargas pesadas. Papá piensa comprar un caballo nuevo."

"Este caballo no está a la venta. Si me ayudas a encontrar a esos esclavos te daré una parte del dinero y no se lo diré a tu papá. Los esclavos son un hombre y un muchacho aproximadamente de tu edad," dijo el hombre.

Jebediah negó con la cabeza. "No están aquí. Si usted quiere que su caballo descanse, Papá estará de regreso pronto. Yo tengo que llevar estos vegetales al pueblo antes del atardecer."

"No tengo tiempo. Todos los buscadores de esclavos de este lado del río están buscando a esos fugitivos. Si mis compañeros y yo no los encontramos en la carretera, buscaremos esta noche en todos los establos y las casas de los cuáqueros esta noche."

"Entonces, que tenga un buen día," dijo Jebediah.

Jebediah caminó hacia el establo y puso su mano en el lomo de la yegua café. La yegua siguió a Jebediah hacia afuera.

"Es muy peligroso esperar al regreso de mi padre," pensó Jebediah. Había escuchado ayer que los dos fugitivos iban en camino. Si trataran de venir a la casa a pedir ayuda, serían atrapados y enviados de regreso. Tenía que encontrarlos y llevarlos a la casa de otro Amigo.

Jebediah enganchó a la yegua a una carreta. Puso una cubierta elevada sobre el fondo de la carreta y amontonó vegetales encima. No había mucho espacio en el compartimiento secreto, pero era suficiente para los fugitivos.

"Llevaré a mi hermana Rebecca a la casa de la tía Sarah," pensó Jebediah. "Nadie sospechará nada si mi hermana de seis años me acompaña." Se apresuró hacia la casa.

"¿No importa si nos vamos por el bosque, Rebecca?" preguntó Jebediah.

Ella negó con la cabeza, pero parecía preocupada mientras la carreta brincaba en el sendero.

"Nos detendremos a recoger bayas para la tía Sarah. Tendremos bayas y crema para la cena."

Se detuvieron cerca de un sembradío de bayas y sacaron dos cubos de la carreta. Jebediah no le podía decir a Rebecca la verdadera razón por la que estaban en el bosque. Sería mejor que ella no lo supiera en caso de que los buscadores de esclavos los detuvieran.

"Empieza en este lado del sembradío," dijo Jebediah. "Yo iré a otro sembradío." Jebediah se apresuró por el sendero al banco lodoso del río. Las enredaderas cubrían el lado del banco. Había túneles y una cueva escondida bajo las enredaderas. Con frecuencia los fugitivos se quedaban allí durante el día.

"¡Ésta es la carretera!" dijo Jebediah. Escuchó a alguien arrastrarse a través de las enredaderas. "Sigan rápido y súbanse a la carreta cuando levante la cubierta. Hay peligro."

Jebediah corrió a la carreta y levantó la cubierta. Cuando escuchó pasos, se alejó de la carreta para alcanzar a Rebecca.

"¿Encontraste bayas maduras?" preguntó Jebediah.

"Mi cubeta está llena," contestó Rebecca.

"Las bayas del río están verdes," dijo Jebediah, "pero tienes suficientes. Ahora debemos continuar." Jebediah se apresuró para llegar a la carreta antes que Rebecca. Al llegar, aseguró la cubierta y volvió a acomodar los vegetales.

Antes de que llegaran al pueblo, dos hombres a caballo galopaban a un lado de ellos y jalaron las riendas de la yegua. "¿A dónde van?" preguntó un hombre.

"Voy a ver a la tía Sarah y vamos a comer bayas y crema," dijo Rebecca.

"Estamos revisando cada carreta en el camino," dijo el otro hombre. Tiró los vegetales fuera de la carreta. "¡Bájense! ¡Vamos a voltear la carreta!"

Jebediah sabía que si volteaban la carreta encontrarían el hueco.

"¡No pueden tener mis bayas!" Rebecca se puso a llorar. Se paró entre los hombres y la carreta, agarrando su cubeta.

Antes de que los hombres la pudieron mover, se acercó otro hombre a caballo. Era el cazador de esclavos que había hablado antes con Jebediah.

"Los he estado buscando," dijo, "y aquí están, perdiendo el tiempo con niños. Hay cinco carretas de cuáqueros que van rumbo al pueblo ahora. Hay que revisarlas."

Jebediah sabía que Mamá le había comunicado su recado a Papá. Los cuáqueros querían confundir a los cazadores de esclavos.

"Casi nos pillan," dijo Rebecca cuando los hombres se habían ido. "Lloré tan fuerte como pude."

"No sé como lo sabías, pero yo ya no vuelvo a guardar secretos de ti," dijo Jebediah. "Tú y las bayas dulces de la libertad nos salvaron a todos."

Nombre _____

Preguntas acerca de
Las bayas de la libertad

1. ¿Por qué llegó el hombre a visitar la granja de Jebediah?

   _____

   _____

2. ¿Por qué decidió Jebediah buscar a los esclavos antes de que su padre llegara a casa?

   _____

   _____

3. ¿Qué hizo Rebecca para impedir que los hombres voltearan la carreta?

   _____

   _____

4. ¿Cómo ayudaron Papá y los otros Amigos cuáqueros a Jebediah?

   _____

   _____

5. ¿Cómo supieron los fugitivos que Jebediah había llegado a ayudarlos?

   _____

   _____

6. ¿Qué datos de la historia indican que Jebediah y su familia ya habían ayudado a esclavos fugitivos en otras ocasiones?

   _____

   _____

   _____

Nombre _____

Las bayas de la libertad
Vocabulario

Usa las palabras de la Caja de palabras para completar este crucigrama.

Caja de palabras

secreto	yegua	baya	registrar	esclavos
fugitivos	Amigo	cuáqueros	atardecer	libertad
compartimento	ala			

Vertical

1. personas que escapan de la esclavitud
2. el espacio entre dos objetos o secciones
3. la hora del día en la que el sol desaparece en el horizonte
5. caballo hembra
8. otra palabra para cuáquero

Horizontal

2. otro nombre para el círculo religioso, la Sociedad de Amigos
3. parte del sombrero que rodea la cabeza
4. buscar algo cuidadosamente
6. gente que es propiedad de otros
7. fruta que crece en una enredadera
9. el estado de poder elegir y tomar tus propias decisiones
10. algo que se mantiene escondido de otros

Nombre _____

Las bayas de la libertad
¿Qué sucedió después?

Escribe la segunda parte de la historia de "Las bayas de la libertad". Cuenta lo que sucedió después de que Jebediah y Rebecca llegaron a la casa de la tía Sarah.

_____

_____

_____

_____

_____

_____

_____

_____

_____

_____

_____

_____

One soft summer night, Grandma and I sat on the porch swing. We were simply swinging—legs hanging free—while the gentle breeze of almost night ruffled our hair. It was then that I saw the star. It was the first star of evening, and I squeezed Grandma's arm and made a silent wish. Grandma looked up and smiled slowly, but there was something in her eyes that wasn't smiling. "What is it, Grandma? What's the matter?"

Grandma gazed back at the star, drew a shaky breath, and sighed. "I was just remembering Leah."

"Leah? Is she one of your friends?" I asked.

Grandma took my hand in hers. Her skin was cool and firm. Her eyes looked at me, but they seemed to focus on something or someone far beyond. "Leah," she said and her voice caught for a moment. "Leah was my best friend. It was in the old country. We were very young. I remember her thick brown hair and big brown eyes. You should have heard us giggle." Then Grandma stopped. A single tear slid down her cheek.

 Read & Understand Fiction, Spanish/English • EMC 5310 • © Evan-Moor Corp.

"Grandma, what happened? Where's Leah now?" I searched her face for answers. I had never seen her like this. Grandma came to America from France during World War II. She spoke lovingly about her mother and father, but seldom said anything else. "Grandma, where's Leah?"

"Leah…I don't know where Leah is. The last time I saw her…." Grandma stopped again. She looked up at that one yellow star in the sky. She squeezed my hand. "Leah was wearing a yellow star on her coat. Leah's parents were Jewish. When the Nazi soldiers occupied France, all the Jews had to wear yellow stars. Leah's mother had sewn the star to Leah's coat. When I asked if I could have one too, she said, 'Stars belong in the sky. When people take them down, trouble is near.' I didn't understand then. I don't really understand even today."

Grandma sighed and squeezed my hand. Then she continued, "It wasn't long after that day that the soldiers started taking everyone who wore a yellow star away. They were taken to concentration camps. We left, too. Mama and Papa brought me here to America. They said that France wasn't safe. We started a new life…but the soldiers had taken Leah and her family. I never saw her again. I don't know what happened to her."

Grandma shook her head as if to erase a bad thought. "Terrible things happened in the camps, but there were survivors…there were a few survivors." Grandma shook her head again.

She stood up and leaned on the porch railing. "It's times like this—still, silent, almost night with yellow stars in the sky—that I remember her most. Do you suppose she survived? Do you suppose she's out there somewhere? Or do you think…."

Grandma turned and opened the door to go inside. She looked back at the darkening sky. "Yellow stars—they belong in the sky."

Name_____

Questions About *The Yellow Stars*

A. List characteristics to show what you know about the characters.

Grandma

_____

_____

_____

Leah

_____

_____

_____

Narrator

_____

_____

_____

B. When Grandma asked the questions near the end of the story, did she expect an answer?
Why or why not?

_____

_____

_____

_____

Read & Understand Fiction, Spanish/English • EMC 5310 • © Evan-Moor Corp.

Name _____

The Yellow Stars
Vocabulary

A. On the line next to each of the following sentences, write the letter for the definition of the underlined word.

1. _____ We sat on the sand and <u>gazed</u> at the waves crashing on the shore.
   a. squinted
   b. looked steadily

2. _____ Oscar <u>seldom</u> eats candy because he doesn't like it very much.
   a. frequently
   b. rarely

3. _____ Perhaps time will <u>erase</u> the unpleasant memory of the war.
   a. wipe out
   b. make permanent

4. _____ Despite the injuries sustained in the accident, the dog <u>survived</u>, thanks to the veterinarian's efforts.
   a. lived
   b. died

5. _____ Maria's new shoes were <u>silent</u>. We never heard her enter the house.
   a. in good condition
   b. noiseless

6. _____ The fan <u>ruffled</u> the piles of papers on the students' desks.
   a. rippled
   b. crushed

B. Write the number of the word next to its meaning.

1. focus   _____ to laugh in a silly way
2. trembling   _____ took possession of
3. sighed   _____ shaking
4. giggle   _____ hard
5. firm   _____ to fix one's attention
6. occupied   _____ let out a long, deep breath

Name_____

The Yellow Stars

Memories

Speak with an older relative or friend. Ask that person to tell you about a memory of his or her childhood. Use this form to record the responses and then think about them.

What was the memory?

_____

_____

_____

How did the person feel about the memory?

_____

_____

_____

Did you notice changes in facial features, gestures, or voice as the person spoke?

_____

_____

Write a paragraph that describes your conversation.

_____

_____

_____

_____

_____

Read & Understand Fiction, Spanish/English • EMC 5310 • © Evan-Moor Corp.

Una tibia noche de verano, Abuela y yo nos sentamos en el columpio del porche. Simplemente nos mecíamos—las piernas colgando libres—mientras la brisa del anochecer agitaba nuestro cabello. Fue entonces que vi la estrella. Era la primera estrella de la noche. Apreté el brazo de Abuela y en silencio pedí un deseo. Abuela volteó a verme y sonrió suavemente, pero había algo en sus ojos que no sonreía. "¿Qué es, Abuela? ¿Qué pasa?"

Abuela volteó a ver la estrella de nuevo, respiró con un leve temblor y suspiró. "Estaba recordando a Leah."

"¿Leah? ¿Es una de tus amigas?" pregunté.

Abuela tomó mis manos entre las suyas. Su piel era fría y firme. Sus ojos me miraban, pero ella parecía enfocarse en algo o alguien lejano. "Leah era mi mejor amiga. Eso sucedió cuando yo vivía en el país donde nací. Éramos muy jóvenes. Recuerdo su cabello café grueso y sus enormes ojos cafés. Deberías habernos oído cómo reíamos juntas." Entonces Abuela se detuvo y una lágrima se deslizó por su mejilla.

"Abuela, ¿qué pasó? ¿Dónde está Leah ahora?" Busqué la respuesta en su cara. Nunca la había visto así. Abuela había venido a los Estados Unidos de Francia durante la Segunda Guerra Mundial. Hablaba con ternura acerca de su madre y su padre, pero raramente decía algo más. "Abuela, ¿dónde está Leah?"

"Leah... No sé dónde está Leah. La última vez que la vi..." Abuela se detuvo nuevamente. Volteó a ver la única estrella que estaba en el cielo y apretó mi mano. "Leah usaba una estrella amarilla en su abrigo. Los padres de Leah eran judíos. Cuando los soldados nazis ocuparon Francia, todos los judíos tenían que usar estrellas amarillas. La mamá de Leah le había cosido la estrella en su abrigo. Cuando le pedí que me diera una, ella dijo: 'Las estrellas deben estar en el cielo. Cuando la gente las baja, se aproximan los problemas.'" En ese entonces no entendí lo que me quería decir. Todavía no lo entiendo totalmente hoy."

Abuela suspiró y me apretó la mano. Después continuó, "No pasó mucho tiempo después de ese día que los soldados empezaron a arrestar a todo aquel que tenía una estrella. Los llevaron a campos de concentración. Nosotros también nos fuimos. Mamá y Papá me trajeron aquí a los Estados Unidos. Decían que Francia no era un lugar seguro. Empezamos una nueva vida... Pero los soldados se habían llevado a Leah y a su familia. Nunca más la volví a ver. No se qué le sucedió."

Abuela movió la cabeza como para borrar algún pensamiento negativo. "Cosas terribles sucedieron en esos campos, pero hubo algunos sobrevivientes." Abuela movió la cabeza de nuevo.

Se levantó y se recargó en el barandal del porche. "En momentos como éste—quietos, silenciosos, casi avanzada la noche, cuando aparecen estrellas amarillas en el cielo—es cuando más la recuerdo. ¿Crees que haya sobrevivido? ¿Crees que vive en algún lugar? O crees que..."

Abuela se volteó y abrió la puerta para entrar. Volteó para ver el cielo que ya se oscurecía. "Estrellas amarillas—deben estar en el cielo."

Read & Understand Fiction, Spanish/English • EMC 5310 • © Evan-Moor Corp.

Nombre _____

Preguntas acerca de *Las estrellas amarillas*

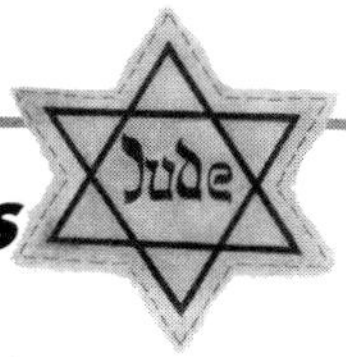

A. Haz una lista de las características de los personajes para que muestres lo que sabes acerca de ellos.

Abuela

_____

_____

_____

Leah

_____

_____

_____

Narrador

_____

_____

_____

B. Cuando Abuela hizo unas preguntas al final de la historia, ¿crees que esperaba escuchar una respuesta? ¿Por qué sí o por qué no?

_____

_____

_____

_____

Las estrellas amarillas
Vocabulario

A. Escribe junto a cada una de las siguientes oraciones la letra que corresponde a la definición de la palabra que se encuentra subrayada.

1. _____ Mi hermana y yo nos meciamos en los columpios mientras Mamá nos observaba.
   a. trepábamos
   b. movíamos de un lado a otro

2. _____ A Oscar no le gusta comer cosas dulces. Raramente los come.
   a. muy seguido
   b. con poca frecuencia

3. _____ En la película, el público aplaudía cuando la policía se preparaba para arrestar al ladrón.
   a. detener
   b. perseguir

4. _____ A pesar del accidente, el perro sobrevivió gracias a los cuidados del veterinario.
   a. vivió
   b. murió

5. _____ Los nuevos zapatos de María eran muy silenciosos. Nunca escuchábamos cuando entraba a la casa.
   a. nuevos, en buen estado
   b. que no hacen ruido

6. _____ El viento agitaba la bandera mientras tratábamos de asegurar el mastil.
   a. movía
   b. aplastaba

B. Escribe a un lado de cada palabra el número que corresponde a su sinónimo.

1. pide   _____ dificultades

2. leve   _____ acercarse

3. aproximarse   _____ ligero

4. terribles   _____ dura

5. firme   _____ desagradables

6. problemas   _____ solicita

Nombre _____

Las estrellas amarillas
Memorias

Habla con un familiar o con un amigo mayor que tú. Pídele a esa persona que te hable acerca de algún recuerdo de su niñez. Usa esta hoja para anotar las respuestas. Después compara tus respuestas con las de tus compañeros.

¿Cuál fue el recuerdo?

_____

_____

_____

¿Cómo se sintió la persona al recordar ese suceso?

_____

_____

_____

¿Notaste cambios en las expresiones faciales, gestos o en la voz mientras esa persona te habló de su recuerdo?

_____

_____

Escribe un párrafo que describe tu conversación.

_____

_____

_____

_____

_____

Melting Pot

Mrs. Grill was saying, "…and we'll make our very own melting pot right here in our classroom." It was 11:45. History class was ending, and everyone was getting ready for lunch except for Tom. Tom was sitting perfectly still, deep in thought.

Mrs. Grill included everyone in her history lesson. She talked about the Native Americans who were here first. She talked about early European settlers. She talked about African slaves who came to this country against their will. She talked about recent arrivals from Mexico, the Philippines, and all the corners of the Earth. She told her class that some people called America a "melting pot" because it is made up of so many varied and wonderful cultures.

Then Mrs. Grill said her class was a melting pot of its own. To demonstrate how they all meshed together to create one unique class, she asked her students to bring in things that represented their heritages. "If you have nothing at home that represents your heritage, draw a picture of something that does," she said. "If you do not know where your ancestors are from, then you can bring in an item or draw a picture of something from a culture that you admire."

Those last words were Tom's out, but he didn't want to take an out. He sullenly got up from his desk and walked to the cafeteria where he found Carlos. "Hi," Tom said without his usual enthusiasm.

"Hi," Carlos responded, "What's wrong, Tom?"

"Mrs. Grill's assignment," Tom replied. "I don't want to choose a culture I admire. I want to choose my own heritage. I want to know my own ancestors. I at least want to know my own parents."

Carlos had been adopted just like Tom, but Carlos knew who his parents were. His mother even visited once in a while. His dad always sent birthday gifts. His grandparents had adopted Carlos when he was two years old. His parents were unable to care for Carlos, but they were not entirely out of the picture.

Tom had never known his biological parents. His adoptive parents were wonderful. Tom would not trade a day of his life for the life of any other person. Still, he couldn't help but wonder about his background.

"Tom," Carlos said, "I don't know anything about your ancestors, but I know about you. You are my best friend, and you always will be. Here, have one of my grandma's famous sugar cookies." Tom took the cookie, but he didn't feel like eating it.

At the dinner table that evening, Tom asked his mom and dad about their backgrounds. They were both German. Tom's mother told him that he could take her favorite nutcracker to school for the melting pot.

Tom walked to his neighbor Jenny's house. Jenny said her family was from Jamaica. Jenny gave Tom a seashell. "Maybe this could go into your melting pot," she said. On his way back home, Tom ran into another neighbor. Four-year-old Kevin said he didn't know anything about his ancestors. "What does 'Aunt Sisters' mean, anyway?" he asked Tom.

"Never mind, kid," Tom replied as he walked off.

"Tom!" Kevin yelled after him. "Do you want one of my frogs?"

Tom thanked Kevin for the gift. He put the frog in his jacket pocket next to the sugar cookie and walked home.

That night, Tom had a wonderful dream. The next morning, he took a large smile and medium-size box with him onto the school bus. The box sat next to Tom's desk until history class began. Mrs. Grill asked for contributions to the melting pot, which was really a big kettle from the cafeteria. Children added drawings, knickknacks, keepsakes, and junk. Marcella even added a wedge of cheese that had been imported from France.

Tom and his box were the last to reach the melting pot. "Mrs. Grill," he said, "I am proud to be a melting pot all by myself. My kind friends have shared their heritages with me. I am made up of all the nice people I meet every day. I am glad to add myself to the melting pot of Room 403." Tom put his mother's nutcracker into the big kettle. Then he added Jenny's seashell. Next came Carlos's grandma's sugar cookie. Finally, Tom reached into his box and added to his class's melting pot one plump green frog! He was certain Mrs. Grill would agree that the last addition could be set free in the creek behind the school when the history lesson was complete.

Questions About *Melting Pot*

1. Why was Tom not happy after the history lesson?

_____

_____

2. Why might Tom want to know about his heritage?

_____

_____

3. Carlos had been adopted, too. How did he know about his heritage?

_____

_____

4. If students in Mrs. Grill's class did not know anything about their ancestors, what could they add to the class's melting pot?

_____

_____

5. Why is the United States sometimes called a "melting pot"?

_____

_____

6. What do you think Tom meant when he said that he was a melting pot all by himself?

_____

_____

Read & Understand Fiction, Spanish/English • EMC 5310 •

Melting Pot
Vocabulary

A. Using your own words, define these phrases from the story.

1. *biological parents* _____

_____

2. *adoptive parents* _____

_____

3. *Tom's out* (paragraph 4) _____

_____

4. *out of the picture* (paragraph 7) _____

_____

5. *the last addition* (last sentence of story) _____

_____

B. Complete the sentences below using these words from the story.

ancestors   imported   enthusiasm   cultures

1. The fabric for my mother's dress was _____ to this country from Japan.

2. Many African _____ enjoy music featuring drums and rhythm instruments.

3. My _____ lived in Spain.

4. Marie played all sports with great joy and _____.

Melting Pot

My Own Melting Pot

In the story, Tom says that he is made up of all the nice people he meets every day. The kettle below is your melting pot. Fill it up with drawings of the people, events, and things that have shaped your own life.

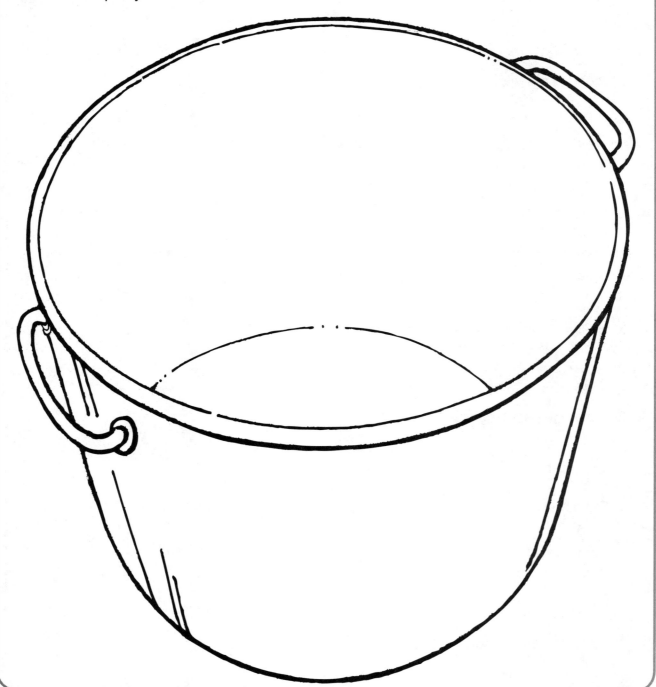

Read & Understand Fiction, Spanish/English • EMC 5310 • © Evan-Moor Corp.

Crisol de culturas

La profesora Grill decía, "y haremos nuestro propio crisol de culturas aquí en nuestro salón." Eran las 11:45. La clase de historia había terminado y todos se preparaban para salir a almorzar, excepto Tom. Tom continuaba sentado sin moverse, sumido en sus pensamientos.

La profesora Grill había incluído a todos en su lección de historia. Había hablado acerca de los indígenas americanos que estuvieron aquí primero. Había hablado acerca de los colonos europeos. Había hablado acerca de los esclavos africanos que vinieron a este país contra su voluntad. Habló acerca de los recién llegados de México, de las Filipinas, y de todos los rincones de la tierra. Le dijo a su clase que algunas personas llamaban a los Estados Unidos un "crisol de culturas" porque es un país formado de tantas diferentes y maravillosas culturas.

Entonces la profesora Grill dijo que su clase en sí era un crisol de culturas. Para demostrar cómo todos estaban enlazados para crear una clase única, les pidió a sus estudiantes que trajeran cosas que representaran su pasado cultural. "Si no tienen nada que represente de dónde eran sus antepasados, hagan un dibujo de algo que los represente," les dijo ella. "Si no saben de dónde son sus antepasados, entonces traigan un objeto o hagan un dibujo de una cultura que admiren."

Esas últimas palabras eran una salida para Tom, pero él no quería una solución sencilla. Se levantó de su escritorio lentamente y se dirigió a la cafetería, donde encontró a Carlos. "Hola," dijo Tom sin su acostumbrado entusiasmo.

"Hola," respondió Carlos. "¿Qué te pasa?"

"La tarea de la profesora Grill," contestó Tom. "No quiero escoger una cultura que yo admiro. Quiero hacer algo relacionado con mi propia herencia. Quiero conocer a mis antepasados. Al menos quiero conocer a mis propios padres."

Carlos había sido adoptado como Tom, pero Carlos sabía quiénes eran sus padres. Su madre lo visitaba de vez en cuando. Su padre siempre le enviaba regalos el día de su cumpleaños. Los abuelos de Carlos lo habían adoptado cuando Carlos tenía dos años. Sus padres no podían cuidar a Carlos, pero no estaban totalmente fuera de su vida.

Tom nunca había conocido a sus padres biológicos. Sus padres adoptivos eran maravillosos. Tom no cambiaría un sólo día de su vida por un día de la vida de ninguna otra persona. Aún así, no podía evitar pensar en su orígen.

"Tom," le dijo Carlos, "no sé nada acerca de tus antepasados, pero te conozco a ti. Tú eres mi mejor amigo y siempre lo serás. Toma, te doy una de las famosas galletas de azúcar que hace mi abuelita." Tom tomó la galleta, pero no tenía ganas de comer.

Esa noche, a la hora de la cena, Tom les preguntó a su mamá y su papá acerca de sus antepasados. Los dos eran de Alemania. La mamá de Tom le dijo que podía llevar su cascanueces favorito a la escuela para el crisol de culturas.

Tom fue a la casa de su vecina Jenny. Jenny le contó que su familia era de Jamaica. También le dio una concha. "Quizás puedas poner esto en tu crisol de culturas," le dijo ella. De regreso a casa, Tom encontró a otro vecino. Kevin, de cuatro años, le dijo que no sabía nada de sus antepasados. "¿Qué quiere decir 'las hermanas de tus tías'?" le preguntó a Tom.

"No te preocupes, niño," le contestó Tom mientras se alejaba.

"¡Tom!" le gritó Kevin. "¿Quieres una de mis ranas?"

Tom le agradeció el regalo. Puso la rana en el bolsillo de su chaqueta, junto a la galleta de azúcar, y caminó a casa.

Esa noche Tom tuvo un sueño maravilloso. La mañana siguiente, preparó su mejor sonrisa y llevó una caja de tamaño mediano al autobús. La caja permaneció al lado del escritorio de Tom hasta que comenzó la clase de historia. La profesora Grill les pidió a los niños que pusieran sus contribuciones en el crisol de culturas, el cual era una olla grande de la cafetería. Los niños pusieron sus dibujos, objetos y recuerdos en la olla. Marcella agregó hasta una rebanada de queso importado de Francia.

Tom y su caja fueron los últimos en llegar al crisol de culturas. "Profesora Grill," dijo él, "estoy orgulloso de que yo solito soy un crisol de culturas. Mis amigos han compartido sus historias conmigo. Estoy hecho de toda la gente agradable que veo cada día. Estoy orgulloso de agregarme yo mismo al crisol de culturas del salón 403." Tom echó a la olla el cascanueces de su mamá. Después agregó la concha de Jenny. En seguida echó la galleta de azúcar de la abuelita de Carlos. Finalmente, abrió su caja y agregó a la olla una rana grande y verde. Estaba seguro de que la profesora Grill estaría de acuerdo en soltar la última adición al río cuando la clase de historia se terminara.

Nombre _____

Preguntas acerca de *Crisol de culturas*

1. ¿Por qué no estaba contento Tom después de la clase de historia?

   _____

   _____

2. ¿Qué quería saber Tom acerca de su pasado?

   _____

   _____

3. Carlos también había sido adoptado. ¿Por qué él sí sabía acerca de sus antepasados?

   _____

   _____

4. Si los estudiantes de la clase de la profesora Grill no sabían nada acerca de sus antepasados, ¿qué podían agregar al crisol de culturas?

   _____

   _____

5. ¿Por qué a los Estados Unidos a veces se le llama "crisol de culturas"?

   _____

   _____

6. ¿Qué crees que Tom quiso decir cuando dijo que "él solito era un crisol de culturas"?

   _____

   _____

   _____

Nombre _____

Crisol de culturas
Vocabulario

A. Usa tus propias palabras para definir las siguientes frases de la historia.

1. *padres biológicos* _____

   _____

2. *padres adoptivos* _____

   _____

3. *una salida para Tom* (párrafo 4) _____

   _____

4. *fuera de su vida* (párrafo 7) _____

   _____

5. *la última adición* (última oración de la historia) _____

   _____

B. Completa las siguientes oraciones con las siguientes palabras de la historia.

antepasados   importada   entusiasmo   culturas

1. La tela del vestido de mi mamá fue _____ a este país de Japón.

2. Muchas _____ africanas disfrutan música que incluye tambores e instrumentos de ritmo.

3. Mis _____ vivieron en España.

4. Marie juega todos los deportes con mucha alegría y _____.

Nombre _____

Crisol de culturas
Mi propio crisol de culturas

En la historia, Tom dice que él está hecho de todas las personas agradables que ve todos los días. La olla de abajo es tu propio crisol de culturas. Llénalo de dibujos de la gente, los eventos y las cosas que forman parte de tu vida.

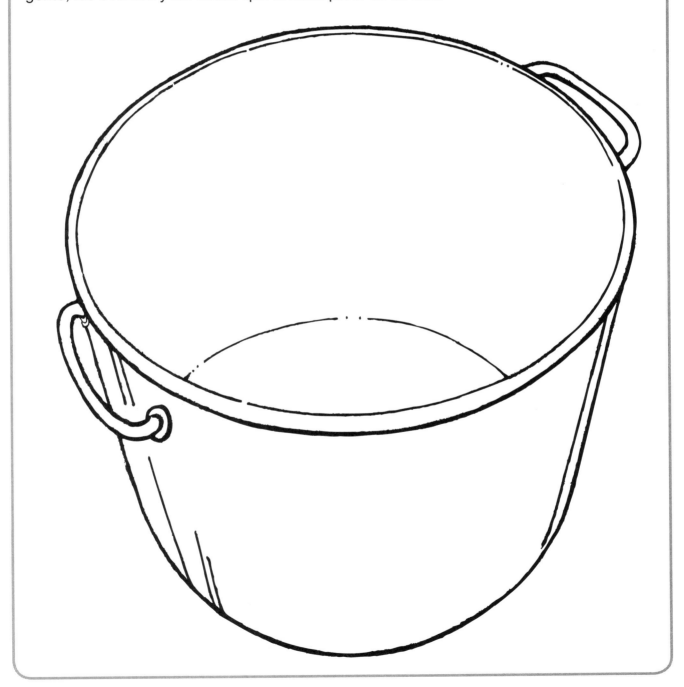

 # Cheng Wan's Visitor

One warm July Monday, thirteen-year-old Cheng Wan had a visitor. His father's business partner arrived from a small town in Montana. The business partner brought his ten-year-old son. While Cheng's father conducted business with his partner, Cheng gave young Danny a tour of his home, San Francisco's Chinatown. Here is Cheng's diary entry from the day he spent with Danny.

9:00 a.m.: Father introduced me to his business partner's son Danny. He asked me to show Danny around Chinatown while they conducted business. Danny looked nervous. He was about to spend an entire day with a stranger in a strange place. I had an idea. I marched Danny right to the Golden Gate Bakery. I bought two Chinese almond cookies for each of us. Danny smiled.

9:30 a.m.: Within half an hour, Danny's nervous look had been replaced with a look of curiosity. He wanted to know everything. Did I speak Chinese? Did I ever dance in a dragon costume during a Chinese New Year celebration? What did the owners of all the outdoor markets we were passing do when it rained? I told Danny I would ask one question. We stopped at a market that sold live fish and chickens and lots of fruits and vegetables. I spoke to the owner in Chinese. Danny was impressed. "What did he say? What did he say?" he asked.

"He said that when it rains he gets wet." We both laughed.

10:00 a.m.: Danny's curiosity turned to art. He liked the gilded storefronts and bold black lines of the symbols on business signs. We left Chinatown through the famous Dragon Gates on Grant Avenue and made our way to the Asian Art Museum in *dia fau*—the big city. There we saw all kinds of intricate woodcarvings, oriental jewelry, and Chinese watercolor paintings. Now Danny was ready for a history lesson.

Read & Understand Fiction, Spanish/English • EMC 5310 • © Evan-Moor Corp.

11:00 a.m.: We made our way back to Chinatown's Chinese Culture Center. There we learned about the history of Chinatown. Danny found out that many Chinese left China in the 1840s because of a great famine and peasant rebellions. He was surprised so many decided to move halfway around the world to the United States.

The Chinese called America *Gum San,* or Golden Mountain. It was said to be full of gold and promise. "At first there were many jobs for the new immigrants," I told Danny as we walked to the old St. Mary's Church. The church was built by the hands of the early Chinese laborers who settled at Portsmouth Square, the heart of Chinatown. "The railroad tracks were laid by the Chinese, too," I told Danny, "but when the economy turned bad, the jobs dried up."

I explained that some white settlers blamed the Chinese for taking their jobs away. Laws were passed that kept the Chinese from moving to the United States for a while. The Chinese who already lived here stuck together during the difficult years. Chinatown grew from a few blocks in size to a ten-block grid.

Then tragedy struck. In 1906, an earthquake shook San Francisco. Fires were ignited all over the city. By the time the fires ceased, Chinatown lay in ruins. It took many years to rebuild and repopulate the area between Broadway and Bush Streets and Kearney and Stockton Streets. "Today," I told Danny, "Chinatown is home to more than 10,000 Chinese residents."

12:30 p.m.: Danny enjoyed the history lesson. He marveled at the amount of work it must have taken to build the huge, gorgeous St. Mary's without modern tools. Thinking of all that work made Danny ready for some lunch. We walked on to the Bow Hon Restaurant. Danny wanted to have whatever I was going to have, so I ordered two of everything—po pos (boiled dumplings which I usually eat only on Chinese New Year), wonton soup, spring rolls, and kung pao prawns. Danny was disappointed when I told him not to eat his fortune cookie.

1:30 p.m.: Now Danny knew why I didn't let him eat his dessert! We stood in front of a fortune cookie factory. "They taste much better fresh from the factory," I told him. We took the whole tour. Then we ate six fortune cookies—each! Danny kept all of his fortunes in his pocket. I let him have mine, too. Then I saw Danny eat the cookie he had saved from Bow Hon's. One of his fortunes must have said he would eat a lot today!

2:30 p.m.: Danny wanted to buy gifts for people at home, so we went shopping. At the Eastern Treasure Gift Shop, he found a doll for his baby sister and some red silk slippers for his mother. At another shop, he bought a wooden chess set for his best friend. He chose Chinese herbal teas for his grandmother.

4:00 p.m.: It was almost time for us to pick up some fresh fish for dinner. But we had to make one more stop. Danny couldn't leave until he had met my friends, Lim and Chin. We wandered over to Stockton Street to the Chinatown Neighborhood Center. As on all Monday afternoons, my two old friends were playing Bingo. Danny couldn't stop staring at the men's long white beards and wrinkled faces. He thought Lim and Chin must be a hundred years old! Neither one of them is older than eighty-five. They had a good laugh at a ten-year-old boy who couldn't stop staring at their beards! Danny laughed, too, and we all had a wonderful visit. "Bingo!" Lim yelled, and we all cheered.

4:45 p.m.: I let Danny choose the fish for dinner from an open-air market on Grant Street. We picked out fruits and vegetables, too, and even bought my mother some flowers. Danny wanted to make a good impression on my mother because he wants to visit us again. Next time, he says he will stay for a week. "Next time," I said, "I hope you will invite me to visit Montana!"

Read & Understand Fiction, Spanish/English • EMC 5310 • © Evan-Moor Corp.

Name_____

Questions About *Cheng Wan's Visitor*

1. Why might Danny have been nervous when he first arrived in Chinatown?

_____

_____

2. Where could Cheng and Danny have been found at 4:15 p.m.?

_____

3. Do you think Cheng's family eats much seafood? Explain your answer.

_____

_____

4. Do you think Danny and Cheng enjoyed their day together? How do you know?

_____

_____

_____

5. Tell about four things Danny learned during his day in Chinatown.

_____

_____

_____

_____

6. Why might Cheng want to visit Montana?

_____

_____

Name_____

Cheng Wan's Visitor
Vocabulary

Complete the crossword puzzle using the words in the Word Box and the definitions below.

Across

2. a system of organizing production and distribution
4. people who move from one country to another
7. complex and delicate
10. good luck or destiny
12. workers

Down

1. a scarcity of food
3. to direct or manage, as in business
4. made a positive impression
5. Chinese for "big city"
6. covered in gold
8. an eagerness to learn
9. made with herbs
11. a low-paid farmer

Word Box

conduct (verb)	intricate
impressed	curiosity
gilded	laborers
economy	famine
peasant	dia fau
fortune	herbal
immigrants	

Read & Understand Fiction, Spanish/English • EMC 5310 • © Evan-Moor Corp.

Name_____

Cheng Wan's Visitor

Dear Friends

Write a single letter addressed to both Danny and Cheng inviting them to come and visit you. Describe to them some of the things you will see and do while they are visiting.

_____

Dear Danny and Cheng,

_____

_____

_____

_____

_____

_____

_____

_____

_____

Your friend,

_____

El invitado de Cheng Wan

Un tibio lunes de julio, Cheng Wan, de trece años de edad, recibió una visita. El socio de su padre había llegado de una pequeña ciudad de Montana. Él trajo a su hijo de diez años de edad. Mientras el papá de Cheng manejaba asuntos de negocios con su socio, Cheng llevó a Danny a recorrer su hogar, el barrio chino de San Francisco. Ésta es una página del diario de Cheng donde habla acerca del día que pasó con Danny en San Francisco.

9:00 a.m.: Papá me presentó al hijo de su socio. Me pidió que llevara a Danny a mostrarle el barrio chino mientras él manejaba asuntos de negocios. Danny parecía nervioso. Estaba a punto de pasar un día entero con un desconocido en un lugar extraño. A mí se me ocurrió una idea. Llevé a Danny directamente a la pastelería Golden Gate. Compré dos galletas chinas de almendra, una para cada uno. Danny sonrió.

9:30 a.m.: En media hora, la mirada nerviosa de Danny se cambió a una mirada de curiosidad. Quería saberlo todo. ¿Hablaba yo chino? ¿Había bailado yo alguna vez en un disfraz de dragón durante una celebración de año nuevo chino? ¿Qué hacían los dueños de los mercados al aire libre cuando llovía? Le dije a Danny que yo le haría una pregunta. Nos detuvimos en un mercado donde vendían pescado y pollo y muchísimas frutas y vegetales. Yo hablé con el dueño en chino. Danny estaba muy impresionado. "¿Qué dijo? ¿Qué dijo?" preguntó.

"Dijo que cuando llueve se moja." Los dos nos reímos.

10:00 a.m.: Danny expresó curiosidad por el arte. Le gustaba ver las fachadas doradas de las tiendas y los trazos negros y pronunciados de los símbolos en los letreros de los negocios. Salimos del barrio chino y pasamos por las famosas Puertas del Dragón en la Avenida Grant y llegamos al Museo de Arte Asiático en *dia fau*—la gran ciudad. Había toda clase de tallados de madera complicados, joyería oriental y acuarelas chinas. Danny ya estaba listo para una lección de historia.

Read & Understand Fiction, Spanish/English • EMC 5310 • © Evan-Moor Corp.

11:00 a.m.: Regresamos al Centro Cultural Chino en el barrio chino. Allí aprendimos acerca de la historia del barrio chino. Danny descubrió que muchos chinos habían salido de China en la década de 1840 debido al hambre y las rebeliones de los campesinos. Estaba sorpendido de que tantos hubieran decidido mudarse a los Estados Unidos, al otro lado del mundo.

Los chinos llamaban a los Estados Unidos *Gum San,* o la Montaña Dorada. Se decía que estaba llena de oro y promesas. "Al principio había muchos empleos para los nuevos inmigrantes," le dije a Danny mientras caminábamos a la vieja iglesia de Santa María. La iglesia había sido construída con la mano de obra de los primeros trabajadores chinos, que se habían establecido en la Plaza Portsmouth, el corazón del barrio chino. "Las vías del tren también fueron colocadas por los trabajadores chinos," le dije a Danny, "pero cuando la economía se vino para abajo, los trabajos empezaron a escasear."

Le expliqué que algunos pobladores blancos culpaban a los chinos de haberles quitado sus empleos. Se aprobaron leyes que prohibían temporalmente que los chinos se mudaran a los Estados Unidos. Los chinos que ya vivían en el país se mantuvieron unidos durante los años difíciles. El barrio chino se extendió de unas cuantas cuadras a un área de 10 cuadras.

Entonces, arremetió la tragedia. En 1906, un temblor sacudió a San Francisco. Hubo incendios por toda la ciudad. Cuando los incendios cesaron, el barrio chino quedó en ruinas. Tardaron muchos años en reconstruir y habitar de nuevo el área entre las calles de Broadway y Bush y las de Kearney y Stockton. "Hoy en día," le dije a Danny, "el barrio chino es el hogar de más de 10,000 residentes chinos."

12:30 p.m.: Danny disfrutó de la lección de historia. Estaba maravillado del esfuerzo que debió haber tomado el construír la enorme, preciosa iglesia de Santa Maria sin herramientas modernas. Pensar en tanto trabajo le dio hambre. Caminamos al restaurante Bow Hon. Danny quería comer lo mismo que yo, así que pedí dos órdenes de todo—empanadillas cocidas que generalmente como en año nuevo, sopa wonton, rollos de primavera y camarones kung pao. Danny se desilusionó cuando le pedí que no se comiera su galleta de la fortuna.

1:30 p.m.: ¡Ahora Danny sabe por qué le pedí que no se comiera su postre! Nos detuvimos frente a la fábrica de galletas de la fortuna. "Saben mucho más sabrosas frescas de la fábrica," le dije. Hicimos un recorrido de toda la fábrica. Después nos comimos seis galletas de la fortuna—¡cada uno! Danny guardó sus fortunas en su bolsillo. Dejé que se llevara también las mías. Después vi a Danny comer la galleta que había guardado del Bow Hon. ¡Una de las fortunas probablemente predecía que Danny comería mucho hoy!

2:30 p.m.: Danny quería comprar regalos para llevar a su casa, así que fuimos de compras. En la tienda de regalos Tesoros del Oriente encontró una muñeca para su hermanita y unas pantuflas de seda roja para su mamá. En otra tienda compró un juego de ajedrez de madera para su mejor amigo. Escogió té chino de hierbas para su abuela.

4:00 p.m.: Casi era la hora de comprar pescado fresco para la cena, pero primero teníamos que ir a un último lugar. Danny no se quería ir hasta que conociera a mis amigos, Lim y Chin. Anduvimos de la calle Stockton hasta el centro comunitario del barrio chino. Como todos los lunes por la tarde, mis dos amigos estaban jugando Bingo. Danny no pudo dejar de mirar las barbas largas y las caras arrugadas de los hombres. ¡Pensó que Lim y Chin debían tener cien años de edad! Ninguno de ellos tiene más de ochenta y cinco años. ¡Se rieron bastante del niño de diez años que no podía dejar de admirar sus barbas! Danny también se rió. Tuvimos una visita maravillosa. "¡Bingo!" gritó Lim, y todos aplaudimos con entusiasmo.

4:45 p.m.: Fuimos a un mercado al aire libre en la calle Grant y dejé que Danny escogiera el pescado para la cena. Escogimos frutas y vegetales y hasta le compró a Mamá unas flores. Quería causarle una buena impresión porque quería venir a visitar nuevamente. La próxima ocasión se quedará por una semana. "La próxima vez," le dije, "¡espero que me invites a visitar Montana!"

Nombre _____

Preguntas acerca de *El invitado de Cheng Wan*

1. ¿Por qué crees que Danny estaba nervioso cuando llegó al barrio chino?

   _____

   _____

2. ¿Dónde estaban Cheng y Danny a las 4:15 p.m.?

   _____

3. ¿Crees que la familia de Cheng come mucho pescado? Explica por qué sí o por qué no.

   _____

   _____

4. ¿Crees que Danny y Cheng disfrutaron del día juntos? ¿Cómo lo sabes?

   _____

   _____

   _____

5. Escribe cuatro cosas que Danny aprendió durante el día que pasó en el barrio chino.

   _____

   _____

   _____

   _____

6. ¿Por qué crees que Cheng quiere visitar Montana?

   _____

   _____

Nombre _____

El invitado de Cheng Wan
Vocabulario

Completa el siguiente crucigrama con las palabras que aparecen en la Caja de palabras y las definiciones de abajo.

Horizontal
7. trabajador del campo que gana poco
10. cubierta de oro
11. obreros
12. "gran ciudad" en chino

Vertical
1. zona de una ciudad
2. dirigir algo, como en los negocios
3. presentar una imagen positiva
4. complicado y delicado
5. sistema de producción y distribución
6. gente que se muda de un país a otro
7. ganas de aprender
8. buena suerte o destino
9. que no hay suficientes alimentos

Caja de palabras

manejar	impresionar
dorada	economía
campesino	fortuna
inmigrantes	complejo
curiosidad	trabajadores
hambre	dia fau
barrio	

Read & Understand Fiction, Spanish/English • EMC 5310 • © Evan-Moor Corp.

Nombre _____

El invitado de Cheng Wan
Queridos amigos

Escribe una sola carta dirigida a Danny y a Cheng para invitarlos a venir a visitarte.
Describe algunas de las cosas que verán y harán durante su visita.

_____

Queridos Danny y Cheng,

_____

_____

_____

_____

_____

_____

_____

_____

_____

_____

Su amigo,

_____

Runner Up

Jordan was not going to win this time. Zach checked the laces on his shoes and stretched. He'd cut a few seconds off his time since last spring. He glanced at Jordan two lanes over. Jordan had won every race he'd ever entered. Zach had come close last spring in the meet against Elmhurst. He was two seconds behind Jordan. Today wasn't a meet or anything like that, but the coach would be making up his mind about the events and runners for the season.

The first meet was in two weeks. Zach's granddad was coming from Wisconsin to see him run. Grandpa Morgan had been a track star. He'd won lots of medals, and he even ran in the Olympics once. He was always telling his friends about Zach and how his grandson was going to the Olympics one day. It wouldn't be good enough to come in second with Grandpa Morgan watching. Besides, he'd told Grandpa Morgan he was the best runner on the team.

The flag went down, and Zach flew down the track. He was out in front where he wanted to be. At the halfway mark he knew someone else was moving up, but no one passed him. Three-quarters of the way around, and there was someone else pushing for the lead. It had to be Jordan. Zach had pressed so hard to be in front that he didn't have enough energy to hold the lead if someone challenged him. Even so, no one was passing him up. If he could hold on, maybe Jordan wouldn't be able to keep the pace. Zach's body ached, but he didn't slow down. The other runner made his move and crossed the finish line in front of Zach. The runners gradually slowed down. Zach moved to the bleachers and wiped his face with a damp towel.

"Whoa," said a voice behind him. "Great race, buddy. Thanks for tiring out the other runners with that fast start. It made winning a lot easier."

Zach turned to see Jordan with a grin on his face. "Save a little speed for the last half and maybe you'll be in front of me next time. That is, if I'm not so far ahead you can't catch me."

Read & Understand Fiction, Spanish/English • EMC 5310 • © Evan-Moor Corp.

Zach felt angry inside, but he tried not to show it. Whenever Jordan wins, Zach thought, he's got to rub it in and tell me how I should have run. It was even worse than that. Zach knew Jordan was right. If he'd paced himself and stayed back, he could have taken the lead toward the end with a burst of speed. "Thanks," Zach said when he had his breath and his temper under control, "I'll keep that in mind."

For the first time, Zach was glad Jordan was the center of attention. The other runners crowded around him. Their conversation was over, and he didn't have to congratulate Jordan on running a great race.

The next two weeks, Zach tried holding back, but somehow it didn't work for him. He had to head out at the beginning of the race or he stayed way back the whole race. Jordan kept reminding him. "Don't worry about it, Zach, buddy, I can coast in this way. With a first and second, there'll be more points on the board for Bennington."

The coach put both Zach and Jordan on the relay team. "Keep it fast," he said, "but not so fast you use up energy for the big race. With both of you on the team, just think of it as a warm-up. Zach, watch how Jordan handles it. He was on the relay team last year. Remember, we need the points, not a record."

Even though Zach didn't like having Jordan around, he did like running more than anything else. Grandpa Morgan said the great thing about running was that you were competing with yourself. You kept trying to better your record each time you ran. I guess he never had to worry about someone else, Zach thought. He was the one who always won—just like Jordan.

When Grandpa Morgan came, he and Zach went running in the morning before school. Grandpa Morgan told Zach about some of his races and the

Olympics. "Your last two years in high school, you can stay with me," Grandpa Morgan said. "I know a great coach—me. I'll have you ready for college and the Olympics by the time you graduate," he said.

Zach wanted to run in the Olympics, but he wasn't sure Grandpa Morgan would think he was good enough when he saw Jordan finish first.

On the day of the meet, Grandpa Morgan and Zach were up early before anyone else. As they ate breakfast, Grandpa Morgan talked about running.

"Gramps," Zach interrupted, "I have to tell you this." Zachary had thought about what he should say for the last week. He decided to tell the truth even if it meant Grandpa Morgan wouldn't have anything more to do with him. "I'm not the best on the team," Zach continued. "I know I talk like I am sometimes. Jordan has never lost the mile. I'm not as good as you were."

"There's one rule about running, Zach. No matter how fast your feet fly, there's always someone who can cross the finish line in front of you. I won lots of races, but I lost some, too. I don't have any Olympic medals, even though I was there. Sure, I hope you'll take up where I left off, if that's what you want. But I want you to know that even if you come in next to last, you're still the greatest grandkid I could ever have. Running was my whole life for so long, I don't have too much else to talk about. It's time I stopped talking about running and learned about something else. After the meet, we'll go out to dinner, and you can tell me about the rest of your life. Is there a good movie we could take in, too?"

 Read & Understand Fiction, Spanish/English • EMC 5310 • © Evan-Moor Corp.

Name _____

Questions About *Runner Up*

1. How did Zach feel about Jordan? Why?

_____

_____

2. Why did Zach lose the race?

_____

_____

3. Why did Zach think it was important to win the race at the first track meet of the year?

_____

_____

4. What did Grandpa Morgan think was the best thing about running?

_____

_____

5. What important truth about competition did Grandpa Morgan tell Zach?

_____

_____

6. Why do you think Grandpa Morgan changed his attitude about Zach's running?

_____

_____

Name _____

Runner Up
Vocabulary

A. Write the number of each "sports" word next to its definition.

1. meet   _____   a person who trains others in a sport

2. Olympics   _____   a speed contest between two runners

3. team   _____   a race in which each team member competes in turn

4. race   _____   sports competitions that take place every four years

5. lead   _____   a swimming or track competition

6. coach   _____   players that act together

7. relay   _____   the best yet done

8. record   _____   to be ahead in a sports competition

B. Choose five words from the list above and write a sentence with each.

1. _____

_____

2. _____

_____

3. _____

_____

4. _____

_____

5. _____

_____

     Read & Understand Fiction, Spanish/English • EMC 5310 • © Evan-Moor Corp.

Name _____

Runner Up

Write Your Own Ending

Write a new ending to the story "Runner Up." Tell what happened at Zach's first track meet of the year. Include what happened in the competition between Jordan and Zach. How did Zach feel about the results?

_____

_____

_____

_____

_____

_____

_____

_____

_____

_____

_____

_____

_____

_____

_____

_____

_____

_____

En segundo lugar

Jordan no iba a ganar esta vez. Zach revisó las cintas de sus zapatos y se estiró. Desde la primavera habia conseguido reducir su tiempo por unos segundos. Miró a Jordan, que estaba a dos carriles. Jordan había ganado cada carrera en la que había participado. Zach había estado muy cerca en la carrera contra Elmhurst. Él había terminado dos segundos detrás de Jordan. Hoy no era una competencia nada similar, pero el entrenador iba a tomar decisiones sobre los eventos y los corredores para toda la temporada.

La primera competencia sería en dos semanas. El abuelo de Zach vendría de Wisconsin para verlo correr. El abuelo Morgan había sido una estrella en las carreras. Había ganado muchas medallas y hasta había competido una vez en las Olimpiadas. Siempre les hablaba a sus amigos de Zach y cómo un día su nieto iría a las Olimpiadas. No sería bueno quedar en segundo lugar mientras el abuelo Morgan observaba. Él le había dicho al abuelo Morgan que él era el mejor corredor del equipo.

La bandera bajó y Zach voló sobre la pista. Iba al frente, como él quería. Al llegar a la marca de medio camino sintió que alguien lo iba a rebasar, pero no fue así. A los tres cuartos de la vuelta había alguien tratando de rebasarlo. Tenía que ser Jordan. Zach se había esforzado tanto en ir al frente que si otro competidor lo desafiaba, ya no tendría energía para pelear la delantera. Aún así, nadie lo iba rebasando. Si él pudiera mantener el paso, tal vez Jordan no podría mantenerlo. A Zach ya le empezaba a doler el cuerpo, pero aún así no bajó la velocidad. El otro competidor se movió y cruzó la linea final en frente de Zach. Los otros competidores gradualmente fueron parando. Zach se dirigió a las gradas y limpió su cara con una toalla húmeda.

"Wow," dijo una voz detrás de él. "Buena carrera. Gracias por cansar a los otros corredores al comenzar tan rápido. Me ayudó a ganar más fácilmente."

Read & Understand Fiction, Spanish/English • EMC 5310 • © Evan-Moor Corp.

Zach volteó y vio a Jordan, con una sonrisa en su rostro. "La próxima vez guarda una poca de velocidad para la última mitad de la carrera y tal vez tú quedarás al frente. Eso es, si no estoy tan adelantado que no podrás alcanzarme."

Zach se sintió enojado por dentro, pero trató de no demostrarlo. Cada vez que Jordan gana, pensó Zach, tiene que decirme cómo yo debería de haber corrido. Aún peor, Zach sabía que Jordan tenía razón. Si hubiera mantenido el paso y se hubiera mantenido atrás, podría haber tomado la delantera al final con un empuje de velocidad. "Gracias," dijo Zach cuando su aliento y su enojo estaban bajo control, "lo tomaré en cuenta la próxima vez."

Por primera vez, Zach estaba contento de que Jordan fuera el centro de atención. Los otros corredores se agruparon a su alrededor. Su conversación había terminado y él no tenía que felicitar a Jordan por su gran triunfo.

Las siguientes dos semanas, Zach trató de controlarse, pero por algún motivo no resultó. Tenía que llevar la delantera en la competencia o se quedaría atrás. Jordan le recordaba constantemente, "No te preocupes, Zach, así será más fácil para mí. Con un primer lugar y un segundo lugar Bennington tendrá una mayor puntuación."

El entrenador puso a Zach y Jordan en el equipo de relevos. "Corran rápido, pero no tan rápido que gasten su energía para la gran carrera. Con ustedes dos en el equipo, piensen en esta carrera como un calentamiento. Zach, fíjate cómo lo hace Jordan. Él estuvo en el equipo de relevos el año pasado. Recuerda, necesitamos puntuación, no un récord."

Aún cuando a Zach no le gustaba tener a Jordan cerca, le gustaba mucho correr, más que cualquier otra cosa. El abuelo Morgan decía que lo mejor de correr era competir contigo mismo. Cada vez que uno corre, trata de mejorar su propio récord. Creo que él nunca tenía que preocuparse por sentirse superado por alguien, pensó Zach. Él era él único que siempre ganaba—igual que Jordan.

Cuando el abuelo Morgan llegó, él y Zach fueron a correr en la mañana antes de ir a la escuela. El abuelo Morgan le habló a Zach acerca de algunas de sus carreras y de las Olimpiadas. "Te puedes quedar conmigo los dos últimos años de la preparatoria," dijo el abuelo Morgan. "Conozco a un gran entrenador—yo. Yo te ayudaré a que te prepares para la universidad y para las Olimpiadas cuando te gradúes," le dijo.

Zach quería correr en las Olimpiadas, pero no estaba seguro que el abuelo Morgan pensaría que él era lo suficiente bueno cuando viera que Jordan terminaba primero.

El día de la competencia, el abuelo Morgan y Zach se levantaron temprano, antes que todos. Mientras desayunaban, el abuelo Morgan le habló acerca de correr.

"Abuelo," interrumpió Zach, "tengo que decirte algo." Durante la semana pasada, Zachary había pensado en lo que le diría. Decidió decirle la verdad aunque eso significara que el abuelo Morgan ya no querría nada más con él. "Yo no soy el mejor del equipo," continuó Zach. "Sé que a veces hablo como si lo fuera, pero Jordan nunca ha perdido una carrera. No soy tan bueno como tú eras."

"Hay una regla que se debe seguir cuando uno corre. No importa qué tan rápido vuelen los pies, siempre habrá alguien que pueda cruzar la línea antes que tú. Yo gané muchas carreras, pero perdí muchas también. No tengo ninguna medalla olímpica, aún cuando competí. Claro que me gustaría que continuaras lo que yo dejé, si tú lo deseas. Pero quiero que sepas que aún si llegas en último lugar, eres el mejor nieto que yo pudiera tener. Correr fue mi vida entera por tanto tiempo, que no puedo hablar de otra cosa. Es hora de que deje de hablar de correr y aprenda algo nuevo. Después de la carrera iremos a cenar y me tal vez me puedas contar el resto de tu vida. ¿Hay alguna película buena que pudiéramos ir a ver?"

Read & Understand Fiction, Spanish/English • EMC 5310 • © Evan-Moor Corp.

Nombre _____

Preguntas acerca de
En segundo lugar

1. ¿Qué sentía Zach por Jordan? ¿Por qué?

   _____

   _____

2. ¿Por qué perdió Zach la carrera?

   _____

   _____

3. ¿Por qué pensaba Zach que era importante ganar la primera carrera del año?

   _____

   _____

4. ¿Qué pensaba el abuelo Morgan que era lo mejor de correr?

   _____

   _____

5. ¿Cuál fue la verdad importante que el abuelo Morgan le dijo a Zach acerca de la competencia?

   _____

   _____

6. ¿Por qué crees que el abuelo Morgan cambió su actitud acerca de las carreras de Zach?

   _____

   _____

Nombre _____

En segundo lugar
Vocabulario

A. Las siguientes palabras se relacionan con los deportes. Escribe el número de la palabra que le corresponde a cada definición.

1. competencia

2. Olimpiadas

3. equipo

4. carrera

5. delantera

6. entrenador

7. relevos

8. récord

_____ persona que prepara a otros para practicar un deporte

_____ pelea de velocidad entre dos personas que corren

_____ competencia en la cual los corredores se reemplazan sucesivamente

_____ el mejor resultado en una competencia deportiva

_____ competencias universales que se celebran cada cuatro años

_____ competición deportiva

_____ grupo que se disputa el triunfo en un deporte

_____ ventaja, adelantar cuando se compite

B. Escoge cinco palabras de la lista de arriba y escribe una oración con cada una de ellas.

1. _____

_____

2. _____

_____

3. _____

_____

4. _____

_____

5. _____

_____

Nombre _____

En segundo lugar
Escribe tu propio final

Escribe un final nuevo para la historia "En segundo lugar". Describe lo que sucedió en la primera competencia del año de Zach. Incluye lo que sucedió en la competencia entre Jordan y Zach. ¿Cómo se sintió Zach con los resultados?

_____

_____

_____

_____

_____

_____

_____

_____

_____

_____

_____

_____

The Gift

Great-Grandma had taken care of me when I was little, and now I had to help her. She had a small house next door to ours, and she could do some of the cleaning, but Mom and I did most of it. She ate dinner with us, and Mom drove her to appointments and took her shopping. Mom worked, so it was up to me to help G-G-Ma (that's what I call her) after school. Sometimes I wanted to go places with my friends or watch TV, but then I remembered that G-G-Ma used to give up time with her friends so she could take care of me. I like talking to G-G-Ma, too. She's told me what life was like when she was growing up and some funny stories about Mom. The best part is she always has time to listen to me, laugh at a joke, or give me a hug when I need one. She throws in extra hugs even when nothing goes wrong.

Today is a special day. We've planned a surprise for G-G-Ma's ninety-first birthday. Last night, we baked the cake. When Mom gets home from work, she'll cook G-G-Ma's favorite dinner. I wanted to find a perfect gift, but I couldn't think of anything. I made her a card, and I wrote a poem to go with it. Mom said that was enough, but I wanted to find something special—something that would make her happy. I went shopping with Mom last Saturday, but nothing seemed quite right. G-G-Ma didn't need another sweater or an apron. She has enough towels and clothes to last another ninety-one years. Her house has lots of knickknacks and figurines. I know she doesn't want more because they are hard to dust. We came home without finding anything.

I unlocked the door and called out. "I'm home from school." There wasn't any answer. I went into the kitchen. There was G-G-Ma sitting on a kitchen chair watching a tiny orange kitten eat little scraps of leftover chicken.

Read & Understand Fiction, Spanish/English • EMC 5310 • © Evan-Moor Corp.

"She was lost and hungry," G-G-Ma said. "I heard her crying outside. Probably somebody just dumped her." The kitten finished the food and scratched around.

"I'll take her out," I said. I picked up the kitten and put her outside.

"It's better to leave her there," G-G-Ma said, looking worried. "I can't take care of a kitten—an old lady like me. I can't always take care of myself. Maybe she'll find a home. She's a lot like my Belle—the same color."

I remembered how much G-G-Ma had loved Belle. That cat had followed her everywhere. She played with the broom when G-G-Ma swept the floor, she rolled spools of thread all over the house, and she slept at the foot of G-G-Ma's bed. Sometimes G-G-Ma talks about Belle like she's still here.

We heard the kitten meowing and scratching at the door. G-G-Ma got up and walked to the door. She put her hand on the doorknob. "It's hard to turn anything away when it needs your help," she said. "But I can't take care of a kitten."

I put my arm around G-G-Ma. "I'll find a home for it," I said. I let the kitten in. When G-G-Ma sat in the chair again, I put the kitten in her lap. It batted at G-G-Ma's fingers and then curled up. She petted the kitten and laughed.

"I'd forgotten how soft a kitten is."

I have a big dog that has too much energy. I have to keep the dog away from G-G-Ma so he doesn't knock her down. I couldn't keep a kitten, too. Mom said "one pet," and I knew she meant it. Most of my friends had pets already, but I had to do something.

"I'll be back in a few minutes," I said, and I went over to my house. I called Mom and told her about the kitten and my plan. At first she didn't like it, but I kept talking and finally she agreed.

Mom knocked on G-G-Ma's door at about 5:30. I let her in. I'd helped G-G-Ma tie a button on a string. She sat in the chair and played with the kitten.

Mom put down a bunch of sacks and hugged G-G-Ma. "Happy birthday!"

"I'd forgotten all about it," G-G-Ma said. "Look at this kitten, Martha. Sally helped me make this toy. You know my fingers aren't too good at putting things together anymore. I know I can't keep the kitten, but it sure has brightened my day. Sally says she'll find a home for it."

"She already has," Mom said. She put a bag of cat food on the kitchen counter. "You can open the bag and feed the kitten the dry food when she needs it. Sally will feed it the canned food every day. I have litter, a box, bowls for food and water, and some toys. It's your birthday present. We'll all take care of the kitten, but you'll have to help, too. It will give you something to do during the day."

G-G-Ma started to cry, but I knew it wasn't because she was sad. I gave her a tissue. Then I took out all the cat supplies Mom had brought home.

"We'll bring dinner over here tonight. Get ready to celebrate," Mom said. "Sally can come help me carry everything when she gets the kitten set up. Tomorrow we'll make an appointment for a kitten checkup." Mom picked up the kitten. "I've missed Belle, too," she said.

Read & Understand Fiction, Spanish/English • EMC 5310 • © Evan-Moor Corp.

Name _____

Questions About *The Gift*

1. What did Sally, the narrator in the story, like about helping her great-grandmother?

   _____

   _____

2. What did Sally and her mother plan for G-G-Ma's birthday?

   _____

   _____

3. Why couldn't Sally find a special gift for G-G-Ma?

   _____

   _____

4. Even though she liked the kitten, G-G-Ma said they should leave it outside. Why do you think she said that?

   _____

   _____

5. Why couldn't Sally keep the kitten?

   _____

6. What did Sally do to see that G-G-Ma got a special birthday gift? How did Sally's mother contribute to the gift?

   _____

   _____

   _____

The Gift

Vocabulary

Use these words from the story to complete the crossword puzzle.

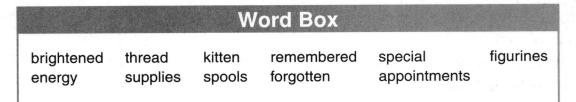

Word Box

brightened	thread	kitten	remembered	special	figurines
energy	supplies	spools	forgotten	appointments	

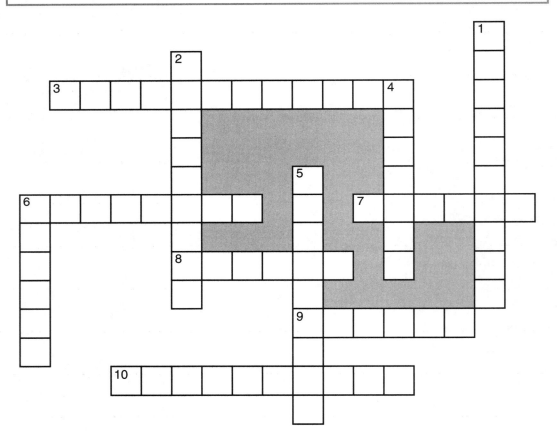

Across
3. scheduled times to be places
6. needed items
7. a young cat
8. physical vigor, effort
9. a slender string used for sewing
10. perked up

Down
1. recalled
2. small glass animals and people
4. having significant meaning
5. not remembered
6. they hold thread

 Read & Understand Fiction, Spanish/English • EMC 5310 • © Evan-Moor Corp.

Name _____

The Gift

Write a paragraph about a time when you received a very special gift, one chosen especially for you. In your paragraph, provide the answers to the questions below. Add other interesting information that occurs to you.

• What was the gift?
• For what reason did you receive it?
• Where is the gift now?

_____

_____

_____

_____

_____

_____

_____

_____

_____

El regalo

Mi bisabuela me había cuidado desde que yo era pequeña y ahora me tocaba a mí ayudarla. Ella vivía en una casa pequeña junto a la nuestra. Aunque todavía podía hacer algo de limpieza, Mamá y yo hacíamos la mayor parte. Ella cenaba con nosotras y Mamá la llevaba a sus citas y de compras. Mamá trabajaba, así que a mí me tocaba ayudar a "Bela" (así le llamaba yo) cuando yo llegaba de la escuela. A veces quería salir con mis amigos o ver televisión, pero me acordaba que Bela solía renunciar a su tiempo con sus amigas para poder cuidarme. También me gustaba hablar con Bela. Ella me hablaba acerca de su vida cuando era joven y me contaba historias divertidas de Mamá. Lo mejor de todo es que ella siempre tiene tiempo de escucharme, de reírse de mis bromas o de darme un abrazo cuando lo necesitaba. Ella también da abrazos cuando no hay ningún problema.

Hoy es un día especial. Hemos planeado una sorpresa para Bela por su cumpleaños número noventa y uno. Anoche horneamos un pastel. Cuando Mamá llegue de su trabajo, va a cocinar su comida favorita. Quería encontrar el regalo perfecto para ella, pero no se me ocurría nada. Le hice una tarjeta y le escribí un poema. Mamá dijo que eso era suficiente, pero yo quería encontrar algo especial—

algo que la haría feliz. El sábado pasado fui de compras con Mamá, pero no encontré nada adecuado. Bela no necesitaba otro delantal o un suéter nuevo. Tiene suficientes toallas y ropa para otros noventa y un años. Su casa tiene muchas figuras y adornos. Sé que ya no quiere más, porque es difícil sacudirles el polvo. Regresamos a casa sin haber encontrado nada.

Abrí la puerta y llamé, "Ya llegué de la escuela." No hubo respuesta. Fui a la cocina. Allí estaba Bela sentada en una silla de la cocina observando a un pequeño gatito anaranjado que comía sobras de pollo.

Read & Understand Fiction, Spanish/English • EMC 5310 • © Evan-Moor Corp.

"Estaba perdido y hambriento," dijo Bela. "Lo escuché llorar afuera. Probablemente alguien lo botó." El gatito terminó de comer y se puso a rascar.

"Yo lo saco," le dije. Recogí al gatito y lo puse afuera.

"Es mejor dejarlo allí," dijo Bela, con preocupación. "Una anciana como yo no puede cuidar de un gatito. A veces ni siquiera me puedo cuidar yo sola. Tal vez encontrará un hogar. Se parece mucho a Bella—el mismo color."

Recuerdo cuánto quería Bela a Bella. La gata la seguía dondequiera. Jugaba con la escoba cuando Bela barría, jugaba con carretes de hilo por toda la casa y dormía al pie de la cama de Bela. A veces Bela habla de Bella como si aún estuviera con ella.

Escuchamos al gatito llorar y rascar la puerta. Bela se levantó y caminó hacia la puerta. Puso la mano en la chapa de la puerta. "Es difícil abandonar a alguien cuando necesita de tu ayuda," dijo. "Pero no puedo cuidar a un gatito."

Puse mi brazo alrededor de Bela. "Yo le encontraré un hogar," le dije. Dejé que el gatito entrara. Cuando Bela se sentó en la silla de nuevo puse al gatito en su regazo. El gatito jugó con los dedos de Bela y luego se acostó. Ella acarició al gatito y sonrió.

"Había olvidado lo suave que son los gatitos."

Yo tengo un perro grande, que tiene mucha energía. Tengo que mantenerlo lejos de Bela para que no la tumbe. No podría tener un gatito tampoco. Mamá había dicho, "sólo una mascota" y yo sabía que ella no cambiaría de opinión. La mayoría de mis amigos ya tenían mascotas, así que yo tenía que hacer algo.

"Regresaré en unos minutos," le dije y me dirigí a casa. Llamé a Mamá y le hablé acerca del gatito y de mi plan. Al principio a ella no le gustó, pero le insistí y finalmente estuvo de acuerdo.

Mamá llamó a la puerta de Bela alrededor de las 5:30. Dejé que entrara. Había ayudado a Bela a amarrar un botón a un hilo. Estaba sentada en la silla jugando con el gatito.

Mamá puso unas bolsas en el suelo y abrazó a Bela. "¡Feliz cumpleaños!"

"Lo había olvidado," dijo Bela. "Mira este gatito, Martha. Sally me ayudó a hacer este juguete. Sabes que mis dedos ya no me ayudan a armar cosas. Sé que no puedo quedarme con este gatito, pero de seguro que me ha animado el día. Sally dice que le encontrará un hogar."

"Ya lo hizo," dijo Mamá. Puso una bolsa de comida para gato en la mesa. "Abre la bolsa y dale de comer al gatito cuando tenga hambre. Sally le dará comida de lata todos los días. Traje arena, una caja para la arena, platos para comida y agua y algunos juguetes. Es tu regalo de cumpleaños. Nosotras cuidaremos al gatito, pero tú también nos ayudarás. Así te mantendrás ocupada durante el día."

Bela empezó a llorar, pero no porque estaba triste. Le di un pañuelo. Entonces saqué de la bolsa todas las cosas que Mamá había traído para el gatito.

"Cenaremos aquí esta noche. Prepárate para celebrar," dijo Mamá. "Sally puede venir a ayudarme cuando termine de preparar las cosas del gatito. Mañana haré una cita para que revisen al gatito." Mamá tomó al gatito. "Yo también he extrañado a Bella," le dijo.

Read & Understand Fiction, Spanish/English • EMC 5310 • © Evan-Moor Corp.

Nombre _____

Preguntas acerca de *El regalo*

1. ¿Por qué le gustaba a Sally, la narradora de la historia, ayudarle a su bisabuela?

   _____

   _____

2. ¿Qué pensaban hacer Sally y su mamá para el cumpleaños de Bela?

   _____

   _____

3. ¿Por qué no pudo encontrar Sally un regalo especial para Bela?

   _____

   _____

4. Aunque le gustaba el gatito, Bela dijo que había que dejarlo afuera. ¿Por qué crees que dijo eso?

   _____

   _____

5. ¿Por qué no podía quedarse Sally con el gatito?

   _____

6. ¿Qué hizo Sally para que Bela tuviera un regalo especial? ¿Cómo contribuyó la mamá de Sally al regalo?

   _____

   _____

   _____

   _____

Nombre _____

El regalo
Vocabulario

Usa las palabras de la Caja de palabras para completar el crucigrama.

Caja de palabras					
animado	energía	hilo	provisiones	gatito	carretes
recordó	olvidado	citas	especial	adornos	

Horizontal

1. se acordó
4. gato joven
7. inusual, extraordinario
10. pequeños animales y gente hechos de cristal
11. artículos que se necesitan

Vertical

2. horas del día reservadas para ciertas actividades
3. guardan hilo para coser
5. entusiasmado, activo
6. que no ha sido recordado
8. fuerza física, esfuerzo
9. cuerda muy delgada que se usa para coser

 Read & Understand Fiction, Spanish/English • EMC 5310 • © Evan-Moor Corp.

El regalo

Recuerda alguna ocasión en la cual tú hayas recibido un regalo muy especial para ti.

- ¿Qué fue ese regalo?
- ¿Por qué te lo regalaron?
- ¿Dónde está ahora?

Escribe otras preguntas que se te puedan ocurrir a ti y sus respuestas en el siguiente espacio.

_____

_____

_____

_____

_____

_____

_____

_____

_____

Play Ball!

Eduardo walked his bike along the gravel path that led to the farm. No use wearing out the tires. They had to last another month until the end of school. Besides, he was tired. It was a three-mile ride from school to the farm where his parents worked. He was lucky to have the bike. He had earned enough money weeding and hoeing during spring vacation to buy it. The Martinez family needed some money for their trip back to Texas, so he had bought Manuel's bike. Since he didn't have to take the school bus home anymore, he tried out for the baseball team. Practice was after school. He was in the outfield and hitting better every practice. He'd have to work during the summer to earn money for school next fall, but his dad said he could play baseball for now.

Eduardo had been at the same school for three months. His family never stayed anywhere very long. Now he was catching up on reading and math. Science was the best. Eduardo didn't like going to so many schools. He had to make new friends, and he was always behind with the work. Dad had promised they'd stay here until summer if they could. He said he wanted Eduardo and his brothers to learn something so they could have any job they wanted someday.

Every evening, Eduardo helped his two younger brothers with their homework. His parents were too tired after working in the fields all day. They had to be back at work by 5:00 A.M. It was up to Eduardo to get his brothers ready for bed and off to school.

Eduardo stopped before he reached his house. His dad was outside, loading up the van with everything from the house. His mom and some of the neighbors helped.

Eduardo ran to the van. "Why?" he yelled at his dad. "You said we'd stay until school was out. We can't go now. The first baseball game is this Saturday!"

"I didn't have time to come tell you," his dad said. "*Hijo,* I'm sorry. Your Uncle Alberto sent this letter. If we get to the Williams's ranch in the valley tomorrow, we'll have work all summer. They'll hold the job until then. We'll have to travel overnight. There's a better place to live there and more money."

Eduardo hit the van with his fist. "There's one more month before school is out. We can wait. There'll be a job somewhere."

"Hey, calm down, *hijo!* It'll be better there. There will be more family. Maybe if this job is good enough we'll have enough for our own farm. Then you won't have to change schools anymore. Maybe you can play baseball all the time."

"Look! I've got space on top for the *bicicleta.* Come on. Let's get it up there."

Eduardo helped his dad lift the bike. He held it down while his dad tied it to the folding chairs and other furniture on top. When they finished, his dad hugged him.

I didn't get to say good-bye to everyone, Eduardo thought. They'll wonder why I didn't show up for practice. And his teacher, the books in his backpack—how would he take care of that?

"Dad, the books for homework—how do we get them back to school?"

"Ask Roberto. He goes to the same school. He can take them tomorrow."

Roberto was only in third grade, but he'd do it. He wouldn't throw the books away somewhere like some kids would.

Eduardo collected his books and those his brothers had. He walked to Roberto's house, talked to Roberto's parents, and gave them the books. He took a paper from his notebook. "I'm going to write a letter to my teacher," he explained.

"You're always a good boy," Roberto's mother said. "I keep telling Roberto that. He should be like you."

Eduardo laughed and gave Roberto a high five. "He's the best there is. Don't worry about Roberto." Eduardo sat at the table and began to write.

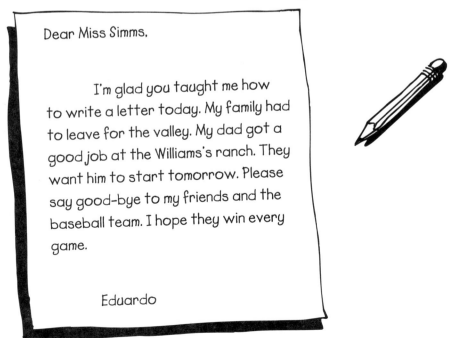

Dear Miss Simms,

I'm glad you taught me how to write a letter today. My family had to leave for the valley. My dad got a good job at the Williams's ranch. They want him to start tomorrow. Please say good-bye to my friends and the baseball team. I hope they win every game.

Eduardo

Somehow, it felt better letting everyone know what had happened. He didn't want anyone to think he didn't like the team or school.

As the van rolled down the gravel road, his dad turned up the radio and started singing. He always sang off-key, and it made everybody laugh. His mom passed food around. Next spring, there'd be baseball somewhere. With a little more money he could buy a ball and a bat. His brothers were getting bigger. Maybe they could all play on Sundays in a field or somewhere. Maybe he'd decide to play in the big leagues someday. The "maybe's" again. He was sounding just like his dad.

Read & Understand Fiction, Spanish/English • EMC 5310 • © Evan-Moor Corp.

Name _____

Questions About *Play Ball!*

1. How did Eduardo get a bicycle?

   _____

   _____

2. What did the bicycle represent in Eduardo's life?

   _____

   _____

3. Why did Eduardo's family move so often?

   _____

   _____

4. How did Eduardo feel when he arrived home amd saw his father repacking the van?

   _____

   _____

5. Eduardo could be described as "conscientious." List at least two facts from the story that support that statement.

   _____

   _____

   _____

6. To be "optimistic" means to expect or hope for the best. How was Eduardo optimistic at the end of the story?

   _____

   _____

Bonus: Do you know why there is an exclamation mark after "Play Ball" in the title?

   _____

Play Ball!

Vocabulary

1. Match the two Spanish words that are in the story to the English words below. Use clues in the story to help you.

   a. bicycle _____   b. son _____

2. Use these words to complete the sentences:

   league   neighbors   practiced   science

   homework   promised   maybe   gravel

   a. At the entrance to the house, there was a path made of _____.

   b. The _____ planned to clean the streets so that their community would be attractive.

   c. _____ is the study of events that occur in nature and their causes.

   d. I was unable to complete my report at school, so it became _____.

   e. The winner of our soccer _____ will play the winner of the association from the north state area.

   f. Even though his friends had _____ to help him, they did not keep their word and went home early.

   g. The athletes _____ all afternoon because they wanted to win the game.

   h. When we asked Mom if we could go to the park, she replied, "_____, if you have finished studying."

3. Write sentences using these words:

   science   gravel

   _____

   _____

Name _____

Play Ball!

A Character Map

Complete this character map to show what kind of a person Eduardo is. Write a descriptive heading in each of the empty boxes. Write one or more facts from the story that support each heading.

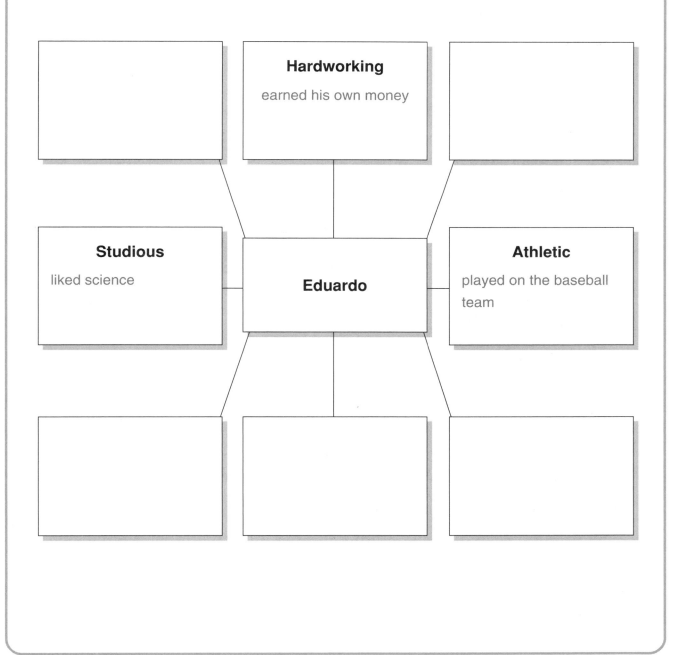

Hardworking

earned his own money

Studious

liked science

Eduardo

Athletic

played on the baseball team

¡A jugar béisbol!

Eduardo empujó su bicicleta a lo largo del sendero de grava que llegaba a la granja. No quería gastar las llantas. Tenían que durar hasta el fin del año. Además, estaba cansado. Era una distancia de casi cinco kilómetros (tres millas) desde la escuela hasta la granja donde trabajaban sus padres. Era afortunado al tener una bicicleta. Había ahorrado suficiente dinero arrancando malezas y arando la tierra con el azadón durante la primavera para comprarla. La familia Martínez necesitaba dinero para su viaje de regreso a Texas, así que le había comprado a Manuel la bicicleta. Como ya no tenía que tomar el autobús para ir a la casa depués de la escuela, trató de calificar para el equipo de béisbol. El equipo practicaba en la tarde. Él jugaba en la posición del campo, y en cada práctica le daba mejor a la pelota. Tendría que trabajar durante el verano para ganar dinero para la escuela el próximo otoño, pero su papá había dicho que por ahora podía jugar béisbol.

Eduardo había estado en la misma escuela por tres meses. Su familia nunca se quedaba en un mismo lugar por mucho tiempo. Ahora estaba tratando de ponerse al corriente en lectura y matemáticas. Las ciencias eran su materia preferida. A Eduardo no le gustaba cambiar de escuela tan frecuentemente. Tenía que hacer nuevas amistades y siempre estaba atrasado en sus estudios. Papá le había prometido que haría lo posible por que se quedarían ahí hasta el verano. Decía que quería que Eduardo y sus hermanos aprendieran muchas cosas para que un día pudieran tener cualquier trabajo que quisieran.

Cada noche Eduardo ayudaba a sus dos hermanos menores a hacer la tarea. Sus papás estaban muy cansados después de trabajar en el campo todo el día. Tenían que estar de nuevo en el trabajo a las 5:00 A.M. A Eduardo le tocaba acostar a sus hermanos y prepararlos para ir a la escuela.

Eduardo se detuvo antes de llegar a su casa. Su papá estaba afuera, poniendo todas las cosas de la casa en el automóvil. Su mamá y algunos de los vecinos estaban ayudando.

Read & Understand Fiction, Spanish/English • EMC 5310 • © Evan-Moor Corp.

Eduardo corrió hacia la camioneta. "¿Por qué?" le gritó a su papá. "Dijiste que nos quedaríamos hasta el fin del año escolar. ¡El primer partido de béisbol es este sábado!"

"No tuve tiempo de decírtelo antes," dijo su papá. "Hijo, lo siento. Tu tío Alberto envió una carta. Si llegamos al valle mañana al rancho Williams, tendremos trabajo para todo el verano. Me esperarán hasta entonces. Tendremos que viajar toda la noche. Tendremos un lugar más bonito para vivir y ganaremos más dinero."

Eduardo golpeó la camioneta con el puño. "Falta un mes para que termine la escuela. Podemos esperar. Encontraremos trabajo en otra parte."

"¡Cálmate, hijo! Allá estaremos mejor. Tendremos más familia. Quizás si este trabajo es más bueno tendremos lo suficiente para nuestra propia granja. Entonces ya no tendrás que cambiar de escuela. Tal vez puedas jugar béisbol todo el tiempo."

"¡Mira! Tenemos espacio arriba del auto para tu bicicleta. Ven, ayúdame a subirla."

Eduardo ayudó a su papá a alzar la bicicleta. La sostuvo mientras su papá la ataba a las sillas plegables y otros muebles arriba del auto. Al terminar, su papá lo abrazó.

No alcancé a despedirme de nadie, pensó Eduardo. Se preguntarán por qué no fui a practicar. Y su maestra, los libros en la mochila—¿cómo se ocuparía de eso?

"Papá, mis libros para la tarea—¿cómo puedo regresarlos a la escuela?"

"Pídele a Roberto que lo haga. Él va a la misma escuela. Puede llevarlos mañana."

Roberto estaba apenas en tercer grado, pero él los devolvería. No botaría los libros por ahí como lo hacían otros niños.

Eduardo juntó sus libros y los de sus hermanos. Fue a la casa de Roberto, habló con sus padres y les dio los libros. Sacó una hoja de papel de su cuaderno. "Voy a escribirle una carta a mi maestra," les dijo.

"Eres muy buen niño," le dijo la mamá de Roberto. "Siempre se lo digo a Roberto. Debería de ser como tú."

Eduardo sonrió y chocó la mano de Roberto. "Roberto es bien bueno. No hay que preocuparse por él." Eduardo se sentó en la mesa y se puso a escribir.

> Querida Señorita Simms:
>
> Me alegro de que hoy me haya enseñado cómo escribir una carta. Mi familia tuvo que irse hoy al valle. Mi papá consiguió un buen trabajo en el rancho Williams. Quieren que empiece a trabajar mañana. Por favor despídame de todos mis amigos y del equipo de béisbol. Espero que ganen todos los partidos.
>
> Eduardo

Se sentía mejor al haber escrito una carta explicando por qué se iba. No quería que creyeran que no le gustaba el equipo o la escuela.

Mientras la camioneta avanzaba por el camino de grava, su papá prendió la radio y empezó a cantar. Siempre cantaba fuera de tono y eso hacía reír a todos. Su mamá empezó a repartir comida. La próxima primavera habría béisbol en alguna parte. Con un poco de dinero podría comprar un bate y una pelota. Sus hermanos estaban creciendo. Quizás podrían jugar los domingos en un campo o en alguna parte. Quizás algún día jugaría en las ligas mayores. Los "quizás" de nuevo. Sonaba exactamente como su papá.

Read & Understand Fiction, Spanish/English • EMC 5310 • © Evan-Moor Corp.

Nombre _____

Preguntas acerca de *¡A jugar béisbol!*

1. ¿Cómo obtuvo Eduardo una bicicleta?

_____

_____

2. ¿Qué representaba la bicicleta en la vida de Eduardo?

_____

_____

3. ¿Por qué se mudaba con tanta frecuencia la familia de Eduardo?

_____

_____

4. ¿Cómo se sintió Eduardo cuando llegó a su casa y vio que su papá estaba empacando? ¿Por qué?

_____

_____

_____

5. Se podría describir a Eduardo como "responsable". Escribe al menos dos hechos de la historia que apoyan ésto.

_____

_____

6. Ser "optimista" significa esperar o desear algo mejor. ¿Qué hechos muestran que Eduardo se sentía optimista al final de la historia?

_____

_____

Nombre _____

¡A jugar béisbol!
Vocabulario

Usa las siguientes palabras para completar las oraciones.

liga	tarea	vecinos	prometido
quizás	practicaron	ciencia	grava

1. La entrada a la casa tenía un camino hecho de _____ y piedras pequeñas.

2. Los _____ hicieron planes para limpiar las calles para que el barrio se viera atractivo.

3. La _____ es el estudio de los eventos que suceden en la naturaleza y sus causas.

4. No pude terminar mi informe en la clase y por eso me lo dejaron como

   _____.

5. El ganador de la _____ de fútbol jugará contra el ganador de la asociación del área norte del estado.

6. Aunque sus amigos habían _____ ayudarlo, no pudieron cumplir con su palabra y regresaron a sus casas temprano.

7. Los deportistas _____ toda la tarde porque querían ganar el juego.

8. Al preguntarle a Mamá si iríamos al parque, ella respondío,

   "_____, sí, pero primero deben de estudiar."

Nombre _____

¡A jugar béisbol!
Diagrama de un personaje

Completa el siguiente diagrama para mostrar qué tipo de persona es Eduardo. En cada caja escribe un encabezado que describa a Eduardo. Escribe uno o más datos de la historia para apoyar cada encabezado.

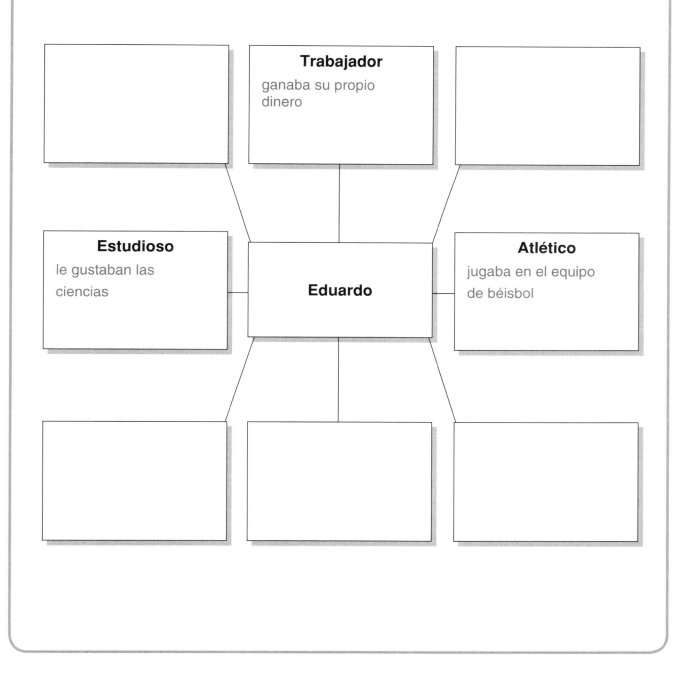

Trabajador
ganaba su propio dinero

Estudioso
le gustaban las ciencias

Eduardo

Atlético
jugaba en el equipo de béisbol

Journey North

This letter might have been written by a young settler of early California.

April 10, 1781

My dear Grandfather and family,

   I am writing this letter in the spring of the year 1781. More than five years have passed since we left New Spain. I am sending this letter so you will know about our journey and what has happened to us. My family and I are grateful that we enjoy good health. We know now that we will never be able to return to New Spain. The journey by land is too dangerous. Even the trip by sea is difficult and very long. My parents have asked me to caution you about joining us as we had agreed before we left. There is rich land here, but all that we have must be made or grown with our own hands. Our houses lack even small comforts. Sailing ships seldom come this way with supplies. My youngest brother, Pedro, was born here in Alta California. My other six brothers and sisters are busy helping my parents. Since I am thirteen now, I am responsible for the fields and care for the cattle while my father is guarding the mission and our communities.

   I studied with Father Font, the Franciscan priest who accompanied us on the trip north. Learning to read and write during those difficult days gave me hope. Because of my good fortune, I am able to send you this letter about our journey.

   Our leader, Juan Bautista de Anza, kept our caravan moving north in spite of hardships that you cannot imagine. He cared for those who became ill and gave cheer when our spirits and faith failed. Without him, we would have perished before we reached Alta California.

   Traveling with the mules and cattle proved to be a challenge for our families. It was a major task to organize our caravan every day before we set out. We had to find food and water for the animals as we traveled to Monterey. We stopped many days so that the animals could eat and rest.

   We were in good spirits the first few days of the trip, even though the winds and the desert crossing made our progress very slow. The hot summer days had passed, but the area was unpleasant. We found little water and grass for our animals.

   A month later, we reached the camp of a Pima chief on the banks of the Colorado River. The cold, bitter winter had made fording the river impossible. Many of us, who had never seen a river this wide, feared the crossing and would have returned to Mexico if we could. A narrow flow was found to the north, and the Pimas helped us cross. We exchanged gifts and were given fresh food from their gardens.

   Read & Understand Fiction, Spanish/English • EMC 5310 • © Evan-Moor Corp.

As we crossed the desert, the thick brush scratched our arms and legs. Dust and alkali were tossed about by icy winds. Our animals suffered. Some of them strayed and died. We finally found water. The animals drank until there was little left. We bundled grass for them and bottled the last of the water.

Our leader divided our animals into three herds so they would arrive at the water holes at different times. That way, the water holes would have time to fill again between the herds. The ground froze, and more animals died. Somehow we survived. At one point, the animals stampeded back to the last water hole. We could not stop them. Many froze to death.

On Christmas, we camped by a village of native people. The cold and snow had surprised them, too. They had nothing they could offer our animals or us. There was not even wood for fires.

Without horses for everyone, we could not continue. Our leader sent soldiers west to Mission San Gabriel. They were able to return with horses, but few supplies. We slowly made our way to the mission. Bandits stole some of our animals, and more horses died from the harsh weather. At San Gabriel, we waited for supplies from another mission.

Even though our journey on to San Luis Obispo was uneventful, the long, difficult journey had made us despondent. Our spirits improved after we celebrated our safe arrival at the mission in San Luis Obispo. We gave thanks that we would soon be in Monterey.

If it had not been for the rain and mud, we would have reached our destination much sooner. We expected a town and shelter in Monterey, but we had to huddle in our tents during the storms. Because the settlement was new, there weren't enough buildings to shelter us. Even so, we gave thanks that we did not have to endure a longer journey. Some of our party would go farther north to a great bay, but our family stayed in Monterey. We looked for land and began the construction of our adobe house.

A galleon from Manila sets sail for New Spain tomorrow. When it will arrive in New Spain, I don't know. We have given the captain fresh spring water and vegetables for his table in return for delivering this letter. I have been told the letter will be sent north from the port of Acapulco by mule train with other mail and supplies. It may be a year before you receive this message, but it comes with great love from all of our family.

Antonio

Name _____

Questions About
Journey North

1. In what year did Antonio and his family leave New Spain?

   _____

2. Why did Antonio's parents discourage the rest of the family from coming to Alta California?

   _____

   _____

3. How does Antonio help his family?

   _____

   _____

4. Why do you think Antonio's parents asked him to write the letter?

   _____

5. Was Juan Bautista de Anza a good leader? Explain your answer.

   _____

   _____

6. List four hardships the expedition faced on their trip to Alta California.

   _____

   _____

   _____

7. Why will it take a long time for Antonio's grandfather to receive the letter?

   _____

   _____

Name _____

Journey North
Vocabulary

A. Next to each word from the story, write the number of the word or phrase that has the same meaning.

_____ comforts

_____ settlement

_____ progress

_____ caution

_____ caravan

_____ fording

_____ despondent

_____ accompanied

_____ survived

_____ strayed

1. a band of people traveling together

2. to warn

3. foward movement in time or space

4. conveniences

5. crossing

6. a village; community

7. stayed alive

8. went along with

9. wandered away

10. to be discouraged

B. Choose a word from this list to complete each sentence.

despondent   galleon   celebrated   survived
construction   exchanged   bitterly   challenge

1. The word *perished* means "died." The antonym for *perished* is _____.

2. A Spanish sailing ship was called a _____.

3. If you are building a house, it is under _____.

4. After days of travel and harsh conditions, the travelers became _____.

5. The weather turned _____ cold.

6. The travelers _____ their safe arrival.

7. They _____ gifts.

8. Caring for the animals on the difficult journey was a _____.

Name _____

Journey North
Sequence of Events

Number the events in the order in which they happened in the story.

_____ Our journey to San Luis Obispo was uneventful.

_____ Our leader divided our animals into three herds so they would arrive at the water holes at different times.

_____ A month later, we reached the camp of a Pima chief on the banks of the Colorado River.

_____ On Christmas, we camped by a village of native people.

_____ We expected a town and shelter in Monterey, but we had to huddle in our tents during the storms.

_____ We were in good spirits the first few days of our trip, even though the winds and the desert crossing made our progress very slow.

- -

Generalizing

1. Write a statement that explains why few people traveled to Alta California in the 1700s.

   _____

   _____

2. Write a statement that tells why people would brave the hardships to travel to Alta California.

   _____

   _____

      Read & Understand Fiction, Spanish/English • EMC 5310 • © Evan-Moor Corp.

Travesía al norte

La siguiente carta podría haber sido escrita por un joven colono de la antigua California.

10 de abril de 1781

Querido Abuelo y familia:

Les escribo esta carta en la primavera del año 1781. Han pasado más de cinco años desde que partimos de España. Quiero contarles sobre lo que nos sucedió durante nuestro viaje. Mi familia y yo estamos agradecidos de disfrutar de buena salud. Ahora sabemos que nunca regresaremos a la Nueva España. La travesía por tierra es muy peligrosa. Hasta el viaje por mar es difícil y muy largo. Mis padres me han pedido que les advierta acerca del viaje si deciden seguirnos como habíamos quedado antes de venirnos. La tierra es muy productiva aquí, pero todo lo que tenemos debe ser hecho o producido con nuestras propias manos. Nuestras casas carecen hasta de las más sencillas comodidades. Los barcos de vela raramente llegan hasta acá con provisiones. Mi hermano menor, Pedro, nació aquí en la Alta California. Mis otros seis hermanos están ocupados ayudando a mis padres. Como yo ya tengo trece años, soy responsable de los campos y del cuidado del ganado mientras mi padre cuida la misión y nuestras comunidades.

Estudié con el padre Font, el cura franciscano que nos acompañó en el viaje al norte. Me dio esperanza aprender a leer y escribir durante esos días difíciles. Debido a mi buena fortuna, ahora puedo enviarles esta carta acerca de nuestra travesía.

Nuestro líder, Juan Bautista de Anza, mantuvo a nuestra caravana avanzando hacia el norte a pesar de dificultades que no se pueden imaginar. Cuidaba a aquellos que se enfermaban y nos animaba cuando nos faltaba fé y nuestro ánimo decaía. Sin él, hubiéramos perecido antes de llegar a la Alta California.

Viajar con mulas y ganado era un reto para nuestras familias. Era una gran tarea organizar la caravana todos los días antes de salir. Teníamos que encontrar comida y agua para los animales mientras nos dirigíamos a Monterey. En muchas ocasiones nos detuvimos por días enteros para que los animales pudieran comer y dormir.

Los primeros días del viaje estábamos animados, aún cuando los vientos y la travesía del desierto hacían más lento nuestro progreso. Los días calientes de verano habían pasado, pero el área era poco placentero. Encontramos poca agua y pasto para nuestros animales.

Un mes después, llegamos al campamento de un jefe de los indios Pima en la ribera del Río Colorado. El invierno crudo hacía imposible cruzar el río. Muchos de nosotros, que nunca habíamos visto un río tan ancho como éste, hubiéramos regresado a México si hubiéramos podido. Encontramos una corriente baja hacia el norte y los Pimas nos ayudaron a cruzar. Intercambiamos regalos. A nosotros nos dieron comida fresca de sus huertas.

Al cruzar el desierto, los arbustos densos nos arañaron los brazos y las piernas. Los vientos fríos arrojaban polvo y álcali. Nuestros animales sufrían. Algunos de ellos se extraviaron y se murieron. Finalmente encontramos agua. Los animales bebieron hasta que quedaba poca agua. Recogimos pasto para ellos y embotellamos el agua que quedaba.

Nuestro líder dividió nuestros animales en tres grupos para que pudiéramos llegar a los charcos a diferentes horas. De esa manera habría tiempo suficiente para que los charcos se volvieran a llenar. El suelo se congeló y más animales murieron. De alguna manera logramos sobrevivir. En un momento los animales se regresaron en estampida al último charco. No pudimos detenerlos. Muchos se congelaron y murieron.

En Navidad, acampamos cerca de un pueblito de gente nativa. El frío y la nieve los habían sorprendido a ellos también. No tenían nada para ofrecer a nuestros animales o a nosotros. Ni siquiera había leña para encender fuego.

Sin caballos para todos no pudimos continuar. Nuestro líder envió soldados hacia el oeste a la Misión San Gabriel. Lograron regresar con caballos, pero sin provisiones. Finalmente logramos llegar a la misión. Los bandidos habían robado algunos animales y más caballos habían perecido por el terrible clima. En San Gabriel esperamos a que llegaran provisiones de otra misión.

Aún cuando nuestra travesía a San Luis Obispo fue tranquila y sin contratiempos, el viaje largo nos dejó desalentados. Después de llegar a la Misión de San Luis Obispo celebramos nuestra llegada y nos sentimos más animados. Dimos las gracias por nuestra próxima llegada a Monterey.

Si no hubiera sido por la lluvia y el lodo hubiéramos llegado más pronto a nuestro destino. En Monterey esperábamos encontrar un sitio donde pudiéramos refugiarnos, pero tuvimos que cobijarnos en nuestras tiendas de campaña durante las tormentas. Como el asentamiento era nuevo, no había suficientes edificios para protegernos. Aún así, nos sentimos agradecidos de que nuestra travesía no fuera más larga. Algunos de nuestro grupo continuarían más hacia el norte, a la gran bahía, pero nuestra familia se quedó en Monterey. Buscamos un terreno y comenzamos la construcción de nuestra casa de adobe.

Un galeón de Manila se prepara para embarcar a Nueva España mañana. Cuándo llegará a Nueva España, no lo sé. Le dimos agua fresca y vegetales al capitán para su mesa a cambio de que entregara esta carta. Me han dicho que la carta será enviada al norte desde el puerto de Acapulco por una caravana de mulas con otra correspondencia y otras provisiones. Puede que pase un año antes de que reciban este mensaje, pero se les envía con gran amor de parte de toda la familia.

Antonio

Read & Understand Fiction, Spanish/English • EMC 5310 • © Evan-Moor Corp.

Nombre _____

Preguntas acerca de *Travesía al norte*

1. ¿En qué año salieron Antonio y su familia de Nueva España?

   _____

2. ¿Por qué los padres de Antonio trataban de desanimar al resto de la familia de venir a Alta California?

   _____

   _____

3. ¿Cómo ayuda Antonio a su familia?

   _____

   _____

4. ¿Por qué crees que los padres de Antonio le pidieron que escribiera la carta?

   _____

5. ¿Fue un buen líder Juan Bautista de Anza? Explica tu respuesta.

   _____

   _____

6. Escribe cuatro dificultades a las que se enfrentó la expedición en su viaje a Alta California.

   _____

   _____

   _____

7. ¿Por qué pasará mucho tiempo antes de que el abuelo de Antonio reciba la carta?

   _____

   _____

Nombre _____

Travesía al norte
Vocabulario

A. Escribe junto a cada palabra de la historia el número que le corresponde a la palabra o frase que tiene el mismo significado.

_____ comodidades	1. gente que viaja en grupo
_____ asentamiento	2. aviso
_____ progreso	3. avances
_____ advertencia	4. cosas que hace la vida más cómoda
_____ caravana	5. atravesar
_____ cruzar	6. comunidad
_____ desalentados	7. vivimos
_____ nos acompañó	8. vino con nosotros
_____ sobrevivimos	9. perdieron
_____ extraviaron	10. desanimados

B. Escoge la palabra de la lista que completa cada oración.

desalentados	construcción	galeón	intercambiaron
celebraron	crudo	reto	sobrevivió

1. La palabra *pereció* significa "murió". El antónimo de *pereció* es

   _____.

2. Se le llamaba _____ a un barco español.

3. Si estás construyendo una casa, la casa está bajo _____.

4. Después de días de viaje y condiciones difíciles, los viajeros estaban

   _____.

5. Este año pasamos un invierno muy _____.

6. Los viajeros _____ su llegada sano y salvos.

7. Los pasajeros _____ regalos.

8. Cuidar a los animales durante el viaje era un _____.

   Read & Understand Fiction, Spanish/English • EMC 5310 • © Evan-Moor Corp.

Nombre _____

Travesía al norte
Sequencia de eventos

Numera los eventos en el orden en el que sucedieron en la historia.

_____ En nuestro viaje a San Luis Obispo no hubo contratiempos.

_____ Nuestro líder dividió los animales en tres rebaños para que llegaran a los charcos a diferentes horas.

_____ Un mes después llegamos al campamento del jefe de los Pima en la ribera del Río Colorado.

_____ En Navidad acampamos cerca de un poblado de gente nativa.

_____ Esperábamos encontrar un pueblo para refugiarnos en Monterey, pero tuvimos que cobijarnos en nuestras tiendas de campaña durante las tormentas.

_____ Estábamos muy animados los primeros días de nuestro viaje, aún cuando los vientos y la travesía del desierto hacía que nuestro progreso fuera lento.

· ·

Generalizaciones

1. Escribe una oración que explica por qué mucha gente viajaba a Alta California en los años de 1700.

   _____

   _____

2. Escribe una oración que explica por qué la gente estaba dispuesta a enfrentar las dificultades para viajar a Alta California.

   _____

   _____

The Boy Who Didn't Know Fear

An Adaptation of a European Folk Tale

In the kingdom of Near and Far, there lived a boy who didn't know fear.

One morning, his mother said, "I want to pick fresh blackberries for a pie, but I fear the great bear that lives in the forest."

"What is fear?" asked the boy.

"Fear is when you feel worried that something terrible will happen to you," answered the mother.

"I can't imagine how that would be," said the boy. "I must find fear and see for myself. I'll go to the berry patch." The boy took a pail for the berries and an ax to cut wood for a fire. Off he went.

He came to a sleeping giant. The boy looked into the giant's pockets. "No fear here," he said. Then he peered into the giant's ears. "Nothing terrible there." The boy walked into the giant's nose. "Hello," he called, "I'm looking for fear." His voice echoed in the giant's nose.

"Aaah-choo!" the giant sneezed. The boy flew out of the giant's nose and landed on top of a tall pine tree.

"I'm allergic to people. They make me sneeze!" bellowed the giant.

"Your sneeze blew me up into the tree," said the boy. "I'm looking for fear."

"Fear, is it?" the giant roared. "I'll show you fear." The giant pulled the boy's tree out of the ground and sent it sailing through the air.

"I'm flying over the forest like a bird!" shouted the boy. "I can see farms and villages. There's no fear in the sky."

When the tree came down, it splashed into the sea. It rolled over and over, but the boy held on. When the tree stopped spinning, the boy said, "I didn't find any fear in the air or under the water."

The boy chopped off two limbs of the tree with his ax. He paddled his tree toward shore. It started to rain. Lightning streaked down from the sky. The winds blew his tree onto the land. The boy found a cave and crawled inside. "Now I'm inside the earth. I'll try to find fear under the ground." The boy felt around the cave. He found a warm, furry bed.

When the boy stretched out on the bed, there was a tremendous roar. The bed rolled over.

"It must be the great bear," said the boy. "Now I'll find fear." The boy shook the great bear's legs. "Wake up," he said. The bear shuddered and went back to sleep. The boy shouted in the bear's ear and poked her with a tree limb. The bear bounded out of the cave. The boy followed her, waving the tree limb. "Wait!" yelled the boy. The bear ran faster.

"Mother was wrong," said the boy. "I felt no fear when I saw the bear." The boy filled his pail with blackberries and walked back to his village.

There was a crowd of people in the town square. "Can you help me find fear?" the boy asked a farmer.

"I'm too busy," said a farmer. "Every hundred years, a new judge is chosen to settle arguments. Today the old judge will throw a laurel wreath over the crowd. If it lands on my head, I'll be the new judge."

The boy crossed the square. He heard cheers and felt the laurel wreath fall on his head. The crowd carried him to a towering throne. There he would sit for the next one hundred years. He would listen to people's arguments and try to make everyone happy. For the first time, the boy felt fear.

Name _____

Questions About
The Boy Who Didn't Know Fear

1. Why didn't the mother want to pick blackberries?

   _____

   _____

2. Why was the boy looking for fear?

   _____

   _____

3. What dangers did the boy find that did <u>not</u> make him feel fear?

   a. _____

   b. _____

   c. _____

   d. _____

4. When the boy was judge, what would he have to do?

   _____

   _____

5. Why did the boy feel fear when he became the village judge?

   _____

   _____

   _____

Read & Understand Fiction, Spanish/English • EMC 5310 • © Evan-Moor Corp.

Name _____

The Boy Who Didn't Know Fear
Antonyms

Antonyms are words that have opposite meanings. Examples of antonyms are *tall–short* and *quiet–loud*.

A. Find the antonyms for the following words in the story. Write the antonyms on the lines.

1. emptied _____

2. right _____

3. cold _____

4. night _____

5. stale _____

B. There are many pairs of antonyms in this story. One example is the name of the place where the boy lived, the kingdom of *Near* and *Far*. Find each word below in the story and circle it. Then find the antonym for each word in the story. Circle the antonym and write it on the line.

1. went _____

2. here _____

3. sky _____

4. under _____

5. ran _____

6. started _____

7. new _____

8. in _____

Name _____

The Boy Who Didn't Know Fear
Setting

The **setting** of a story is where and when it takes place.

Answer these questions about the setting of "The Boy Who Didn't Know Fear."

1. Where does the story take place?

   _____

   _____

2. List several different locations in the kingdom.

   _____

   _____

   _____

3. At what time of year do you think this story might have taken place?

   _____

4. What clue or clues helped you to choose the time of the story?

   _____

   _____

Read & Understand Fiction, Spanish/English • EMC 5310 • © Evan-Moor Corp.

El niño que no conocía el miedo

Adaptación de un cuento tradicional europeo

En el Reino de lo Lejano y lo Cercano vivía un niño que no conocía el miedo.

Una mañana su madre dijo, "Quiero recoger zarzamoras frescas para hacer una tarta, pero tengo miedo del gran oso que vive en el bosque."

"¿Qué es miedo?" preguntó el niño.

"Miedo es cuando te sientes preocupado de que algo terrible te suceda," respondió la mamá.

"No puedo imaginar cómo puede ser eso," dijo el niño. "Debo encontrar al miedo y verlo por mí mismo. Voy a ir al matorral de moras; tal vez allá lo encuentre." El niño tomó una cubeta y un hacha y se fue a cortar madera para encender una fogata.

El niño llegó a donde estaba un gigante dormido. Revisó los bolsillos del gigante. "Aquí no está el miedo," dijo él. Entonces se asomó a los oídos del gigante. "Nada terrible aquí." Caminó hacia adentro de la nariz del gigante. "Hola," llamó. "Estoy buscando al miedo." Su voz hizo eco en la nariz del gigante.

"¡Aaah-chú!" el gigante estornudó. El niño salió volando por la nariz del gigante y aterrizó en la copa de un pino alto.

"Soy alérgico a la gente. ¡Me hace estornudar!" vociferó el gigante.

"Tu estornudo me lanzó a la copa del árbol," dijo el niño. "Estoy buscando al miedo."

"¿Miedo?" rugió el gigante. "Yo te enseñaré lo que es el miedo." El gigante jaló el árbol, sacándolo de la tierra, y lo mandó a volar por el aire.

"¡Estoy volando sobre el bosque como un pájaro!" gritó el niño. "Puedo ver granjas y pueblos. No hay miedo en el cielo."

El árbol cayó en el mar y dio vuelta tras vuelta, pero el niño estaba agarrado fuertemente. Cuando por fin el árbol se detuvo, el niño dijo, "No encontré ningún miedo en el aire o bajo el agua."

El niño cortó dos ramas del árbol con su hacha. Con ellas, remó hacia la orilla sobre el árbol. Entonces empezó a llover y cayeron rayos del cielo. El viento sopló, moviendo el árbol hacia la tierra. El niño encontró una cueva y entró. "Ahora estoy adentro de la tierra. Trataré de encontrar al miedo bajo el suelo." A tientas, el niño trató de explorar a su alrededor. Encontró una cama tibia y peluda.

Cuando el niño se estiró en la cama, escuchó un tremendo rugido. La cama se volteó.

"Debe ser el gran oso," dijo el niño. "Ahora voy a encontrar al miedo." El niño movió las piernas del gran oso. "Despierta," le dijo. El oso se estremeció y volvió a dormir. El niño gritó en el oído del oso y lo picó con una rama del árbol. El oso despertó y salió de la cueva. El niño lo siguió, agitando la rama del árbol. "¡Espera!" gritó el niño. El oso corrió más rápido.

"Mamá estaba equivocada," dijo el niño. "No encontré al miedo cuando vi al oso." El niño llenó su cubeta de zarzamoras y caminó rumbo al pueblo.

Había un grupo de gente en el centro de la ciudad. "¿Pueden ayudarme a encontrar al miedo?" le preguntó el niño a un granjero.

"Estoy muy ocupado," dijo el granjero. "Cada cien años se escoge un juez para resolver pleitos. Hoy un juez tirará una guirnalda de laurel a la gente. Si me cae a mí en la cabeza, yo seré el nuevo juez."

El niño cruzó la plaza central. Escuchó los aplausos y sintió caer la guirnalda en su cabeza. La gente lo cargó a un enorme trono. Ahí se quedaría sentado por los próximos cien años. Escucharía los argumentos de la gente y trataría de mantener a todos contentos. Por primera vez, el niño sintió miedo.

Nombre _____

Preguntas acerca de
El niño que no conocía el miedo

1. ¿Por qué no quería ir a recoger zarzamoras la mamá del niño?

   _____

   _____

2. ¿Por qué buscaba el niño al miedo?

   _____

   _____

3. ¿Qué peligros encontró el niño que no le hicieron sentir miedo?

   a. _____

   b. _____

   c. _____

   d. _____

4. ¿Qué tendría que hacer cuando fuera juez?

   _____

   _____

5. ¿Por qué el niño sintió miedo al convertirse en el juez del pueblo?

   _____

   _____

   _____

   _____

Nombre _____

El niño que no conocía el miedo
Antónimos

Antónimos son palabras que tienen significados opuestos. Ejemplos de antónimos son *alto—bajo* y *callado—ruidoso*.

A. Encuentra los antónimos de las siguientes palabras en la historia y escríbelos en las líneas junto a cada palabra.

1. vacío _____

2. levantó _____

3. frío _____

4. noche _____

5. viejas _____

B. Hay muchos pares de antónimos en la historia. Un ejemplo es el nombre del lugar donde vive el niño, el Reino de lo Lejano y lo Cercano. Encuentra cada palabra de la lista de abajo en la historia y enciérrala en un círculo. Después encuentra un antónimo y escríbelo en la lista.

1. fue _____

2. aquí _____

3. cielo _____

4. debajo _____

5. corrió _____

6. regresar _____

7. entró _____

8. dentro _____

Read & Understand Fiction, Spanish/English • EMC 5310 • © Evan-Moor Corp.

Nombre _____

El niño que no conocía el miedo
Escenario

El **escenario** de una historia es el lugar donde ocurre la historia.

Contesta estas preguntas acerca del escenario de "El niño que no conocía el miedo".

1. ¿Dónde sucede la historia?

   _____

   _____

2. Haz una lista de varios sitios diferentes en el reino.

   _____

   _____

   _____

3. ¿En qué época crees que podría haber sucedido esta historia?

   _____

4. ¿Qué pistas te ayudaron a determinar la época en la que sucede esta historia?

   _____

   _____

Belling the Cat
An Adapted Fable

"**S**omething must be done," said Percy. He collapsed on the floor of his mouse house. He sobbed and his body shook uncontrollably.

"You poor dear," said his wife, Agatha. She pulled him across the floor to their nest and covered him with a blanket. "It's the cat again, isn't it?"

"Indeed it is," said Percy. "He had his claws in my tail. I escaped by biting his paw. It's the third time this week that fanged monster has caught me. I shudder to think what will happen to me, good wife. How will you and the children manage if I am eaten by the cat?"

"Don't even mention it!" replied Agatha. "You must not take any more chances."

"Then how will we eat?" asked Percy. "The cat stalks us from the kitchen. He hears every paw-step, no matter how quiet. Three of our friends were taken by that fiendish feline last week."

"It's very unfair. There is so much food wasted here. Surely the people in this house could share. Perhaps we could ask the farmer's wife to deliver it to our door. Then we wouldn't have to bother with the cat or the kitchen."

"Good wife, you don't understand at all. The people who moved into our house with the cat are selfish and they despise mice. There are traps everywhere. I know how to stay away from the traps, but the cat is a sneaky, cruel creature. He has hiding places, and pounces on anything that moves. Hardworking, honest mice like ourselves will never be safe as long as that cat prowls the house."

"Well then, I suppose we must move," said Agatha. "There must be a house, a barn, or a store where we are welcome. After all, we do clean the floor of all crumbs and scraps. We are quite useful, I believe."

 Read & Understand Fiction, Spanish/English • EMC 5310 • © Evan-Moor Corp.

"Even if we knew of a safe place we could call home," said Percy, "we would never get past the cat and out the door with our nest and our children."

"For the life of me, I can't think of any way," said Agatha.

"It will be dangerous, but I will call a meeting," said Percy. "We can travel inside the walls and meet in the bedroom closet without running into the cat. We will discuss this problem sensibly and surely find the answer."

The next morning, Percy tapped a mouse SOS on the wall. Every mouse from the attic to the basement scurried between the walls to the big closet in the farmer's bedroom.

Percy clapped his paws for silence. "We are all aware," he began, "of the dangerous creature that lurks in every corner of this house waiting to devour us. If we stay in the walls, we will starve. We must find a way to stop that cat."

Before Percy said another word, there was a horrifying yowl and scratching at the closet door. Sharp claws reached under the door, just missing Percy as he jumped away.

"Tomorrow in the attic," Percy squeaked. One by one, the mice squeezed through the crack in the closet wall and hurried to their homes. Percy was the last to leave. He scrambled through the crack just as the closet door swung open and the snarling cat rushed at the tiny opening.

Percy heard the farmer's wife say, "Wonderful, clever Mr. Cat. Were you trying to catch those terrible mice that roam the house? You've caught three this week. In a month's time, you will do away with all the mice just like you did in our last house, won't you?" Percy peered through the crack. The farmer's wife was petting the cat, who purred and snuggled in her arms.

"Disgusting," said Percy to his wife. "How could anyone be fond of a cat?"

The next morning, all the mice climbed the inner passageway to the attic. When all the mice were quiet, Percy began again. "I have called everyone here to find a solution to our problem. If we leave our homes, who knows what other dangers we will find. We would have to flee for our lives, leaving all our possessions. Who has the answer?"

All the mice squeaked stories about their encounters with the cat. Finally, Leah, one of the newest mouse residents, stood by Percy and raised her paw for silence.

"The problem is very simple," said Leah. "If we knew where the cat was, we could stay away from him. When I lived in a barn, the barn cat had a bell on her collar. We always heard her coming and hid where she couldn't reach us. All we have to do is place a bell on the cat's collar."

"Why didn't I think of that?" said Percy. "A belled cat would be dangerous, but not as dangerous. All in favor of placing a bell on the cat's collar, squeak yes."

Every mouse except Agatha squeaked. She held up her paw. "Very clever indeed!" she said. "Now which one of you brave mice will volunteer to place the bell on the cat's collar?"

Every mouse was quiet.

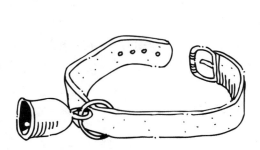

   Read & Understand Fiction, Spanish/English • EMC 5310 • © Evan-Moor Corp.

Questions About *Belling the Cat*

1. How had life recently changed for the mice?

2. What two ideas did Agatha suggest to avoid being eaten by the cat?

3. Why did Percy think her ideas wouldn't work?

4. Why did the mice have to meet a second time?

5. What did Leah think the mice should do about the cat?

6. At the end of the story, why didn't any of the mice answer Agatha's question?

7. What do you think the mice should do?

Name _____

Belling the Cat
Vocabulary

A. Use context clues in the story to determine the meaning of each word in the list below. Then write each word on the line in front of its definition.

uncontrollably   stalks   replied   selfish   despise   feline   cruel   fond
sensibly   inner   solution   possessions   encounters   volunteer   devour

1. _____ to offer to help without receiving pay for the work

2. _____ to eat up hungrily

3. _____ meetings

4. _____ items belonging to someone

5. _____ unable to stop or acting in a way that can't be stopped

6. _____ to hate

7. _____ an answer to a problem

8. _____ in a way that shows good judgment

9. _____ mean, causing others pain

10. _____ answered

11. _____ inside; interior

12. _____ thinking only about oneself

13. _____ like, love

14. _____ belonging to the cat family

15. _____ watches; spies upon

B. Write sentences using each of these words:

despise   encounter   sensibly

_____

_____

_____

 Read & Understand Fiction, Spanish/English • EMC 5310 • © Evan-Moor Corp.

Name _____

Belling the Cat

Point of View

In the story, the mice, the cat, and the people have different ideas about each other. Each has a different **point of view**.

1. What words in the story describe the cat from the mice's point of view? Look for the missing words and write them on the lines.

    a. _____ monster

    b. _____ feline

    c. sneaky, _____ creature

    d. _____ paw

    e. _____ yowl

    f. as long as that cat _____ the house

    g. _____ creature that _____ in every corner

    h. "_____," said Percy to his wife. "How could anyone be fond of a cat?"

2. The farmer's wife saw the cat from a different point of view. Write two descriptive words that she uses to tell about the cat.

    a. _____   b. _____

3. Why do the mice and the farmer's wife feel differently about the cat?

    _____

4. Write two words from the story that Percy uses to describe mice.

    _____

5. What words does Percy use to describe how the new people in the house feel about mice?

    _____

6. What word does the farmer's wife use to describe the mice?

    _____

Ponle el cascabel al gato

Fábula adaptada

"Tenemos que hacer algo," dijo Percy, cayendo en el piso de su ratonera. Lloró y su cuerpo temblaba incontrolablemente.

"Pobre de ti," dijo su esposa, Agatha. Lo jaló suavemente al nido y lo cubrió con una cobija. "Es el gato otra vez, ¿no es así?

"Así es," dijo Percy. "Tenía sus garras en mi cola. Le mordí la pata y así logré escapar. Es la tercera vez esta semana que ese monstruo feroz me atrapa. Tiemblo de pensar qué me pasará, querida esposa. ¿Qué harán tú y los niños si el gato me come?

"¡Ni lo menciones!" replicó Agatha. "Ya no debes arriesgarte."

"¿Entonces cómo conseguiremos comida?" preguntó Percy. "El gato nos acecha en la cocina. Escucha cada pisada, por muy silenciosa que sea. Ese felino desalmado se llevó a tres de nuestros amigos la semana pasada."

"Es muy injusto. Aquí se desperdicia tanta comida. De seguro la gente que vive en esta casa podría compartir. Tal vez si le pedimos a la esposa del granjero que nos la deje en la puerta. Entonces no tendríamos que molestarnos con el gato o con la cocina."

"Esposa mía, es que no entiendes. La gente que se mudó a nuestra casa con el gato es egoísta y desprecia a los ratones. Hay trampas dondequiera. Sé cómo mantenerme alejado de las trampas, pero ese gato es una criatura cruel y traicionera. Se esconde y luego ataca cualquier cosa que se mueva. Los ratones trabajadores y honestos, como nosotros, nunca estaremos seguros mientras el gato ronde por la casa."

"Bueno, entonces creo que es hora de mudarnos," dijo Agatha. "Debe haber alguna casa, algún establo o alguna tienda donde seamos bien recibidos. Después de todo, mantenemos el piso limpio de migajas y desperdicios. Somos bastante útiles, creo yo."

"Aún si supiéramos de algún lugar seguro al que pudiéramos llamar hogar," dijo Percy, "nunca podríamos salir por la puerta con el nido y nuestros hijos sin que el gato nos viera."

"Por mi vida, no puedo pensar en ninguna otra manera de escapar," dijo Agatha.

"Es peligroso, pero voy a llamar a una junta," dijo Percy. Podemos viajar por dentro de las paredes y reunirnos en el clóset de la recámara para que no nos vea el gato. Hablaremos sobre este problema de una manera sensata y seguramente encontraremos una solución."

La mañana siguiente Percy tocó suavemente en la pared una señal SOS para los otros ratones. Cada ratón se escurrió entre las paredes del desván hasta el sótano para llegar al clóset grande de la recámara del granjero.

Percy aplaudió para que todos guardaran silencio. "Todos estamos enterados," les dijo, "de la presencia de esa peligrosa criatura que acecha en cada esquina de esta casa para devorarnos. Si nos quedamos entre las paredes, nos moriremos de hambre. Debemos encontrar la manera de detener a ese gato."

Antes de que Percy pudiera decir una palabra más, se escuchó un horrible maullido y un rasguño en la puerta del clóset. Unas filosas garras se asomaron por debajo de la puerta. Percy apenas alcanzó a saltar para evitarlas.

"Mañana en el desván," chilló Percy. Uno por uno, los ratones se escurrieron a través de la abertura en la pared del clóset y corrieron a sus casas. Percy fue el último en irse. Logró salir apresuradamente a través de la abertura justo cuando la puerta del clóset se abrió y el gato se lanzó gruñendo.

Percy escuchó a la esposa del granjero decir, "Maravilloso y muy listo, Señor Gato. ¡Qué valiente eres! ¿Estabas tratando de atrapar a esos horribles ratones que rondan la casa? Atrapaste tres esta semana. En un mes harás que se vayan esos ratones como lo hiciste en nuestra última casa, ¿no es así?" Percy se asomó por la abertura. La esposa del granjero estaba acariciando al gato, el cual ronroneaba y se acurrucaba en sus brazos.

"¡Qué asco!" le dijo Percy a su esposa. "¿Cómo puede alguien querer a un gato?"

La mañana siguiente todos los ratones treparon por el pasaje interior hacia el desván. Una vez que todos los ratones estaban callados, Percy empezó de nuevo. "Los he llamado porque necesitamos encontrar una solución a nuestro problema. Si dejamos nuestros hogares, quién sabe qué otros peligros encontraremos. Tendríamos que dejar nuestras pertenencias y salir huyendo para salvar nuestras vidas, dejando atrás todas nuestras posesiones. ¿Quién tiene alguna solución?"

Todos los ratones empezaron a chillar y a contar historias de sus encuentros con el gato. Finalmente, Leah, uno de los últimos residentes en llegar, se paró junto a Percy y levantó la pata para pedir silencio.

"El problema es muy sencillo," dijo Leah. "Si supiéramos donde está el gato, podríamos mantenernos alejados de él. Cuando yo vivía en el granero, la gata que vivía ahí tenía un cascabel colgado de su collar. Podíamos escuchar cuando venía y nos escondíamos para que no nos alcanzara. Todo lo que tenemos que hacer es poner un cascabel en el collar del gato."

"¿Por qué no había pensado en eso?" dijo Percy. "Un gato con un cascabel sería menos peligroso. Todos los que estén a favor de ponerle un cascabel al gato, digan que sí."

Todos los ratones aceptaron, excepto por Agatha. Ella levantó la pata para hablar. "¡Muy buena idea!" dijo ella. "Ahora, ¿cuál de ustedes, valientes ratones, será el que le ponga el cascabel al gato?"

Todos los ratones guardaron silencio.

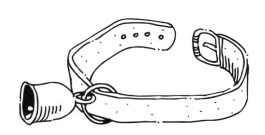

 Read & Understand Fiction, Spanish/English • EMC 5310 • © Evan-Moor Corp.

Nombre _____

Preguntas acerca de *Ponle el cascabel al gato*

1. ¿En qué forma había cambiado recientemente la vida para los ratones?

   _____

   _____

2. ¿Cuáles fueron las dos ideas que sugirió Agatha para evitar que el gato se los comiera?

   _____

   _____

   _____

3. ¿Por qué pensó Percy que sus ideas no funcionarían?

   _____

   _____

4. ¿Por qué tuvieron que reunirse los ratones por segunda vez?

   _____

   _____

5. ¿Qué pensó Leah que debían hacer los ratones con el gato?

   _____

   _____

6. Al final de la historia, ¿por qué no respondió ningún ratón a la pregunta de Agatha?

   _____

7. ¿Qué crees tú que deben hacer los ratones?

   _____

   _____

Ponle el cascabel al gato
Vocabulario

A. Usa el contexto de la historia para determinar el significado de cada palabra en la lista de abajo. Después escribe cada palabra enfrente de su definición.

sensato	acechar	interior	replicó	solución
egoísta	pertenencias	desprecian	reunión	incontrolablemente
felino	voluntario	cruel	devorar	querer

1. _____ que ayuda sin recibir pago a cambio del trabajo

2. _____ comer con mucho apetito

3. _____ junta

4. _____ cosas que alguien posee

5. _____ de buen juicio

6. _____ odian

7. _____ respuesta a un problema

8. _____ sin poder parar o detenerse

9. _____ malo, que causa daño a otros

10. _____ respondió

11. _____ la parte de adentro

12. _____ que piensa sólo en uno mismo

13. _____ gustar

14. _____ perteneciente a la familia de los gatos

15. _____ vigilar, prepararse para atacar

B. Usa las siguientes palabras para escribir oraciones.

    desprecian   reunión   sensato

_____

_____

_____

Nombre _____

Ponle el cascabel al gato
Punto de vista

En la historia, los ratones, el gato y la gente tienen ideas distintas los unos de los otros. Cada uno tiene un **punto de vista diferente**.

1. ¿Qué palabras en la historia describen al gato desde el punto de vista de los ratones? Busca las palabras que faltan y escríbelas en las siguientes líneas.

   a. monstruo _____

   b. felino _____

   c. criatura _____ y _____

   d. garras _____

   e. maullido _____

   f. mientras el gato _____ la casa

   g. _____ criatura que _____ en cada esquina

   h. "_____," dijo Percy a su esposa. "¿Cómo puede alguien querer a un gato?"

2. La esposa del granjero tenía un punto de vista diferente acerca del gato. Escribe dos palabras descriptivas que ella usa para hablar acerca del gato.

   a. _____   b. _____

3. ¿Por qué los ratones y la esposa del granjero tienen diferentes puntos de vista acerca del gato?

   _____

4. Escribe dos palabras de la historia que Percy usa para describir a los ratones.

   _____

5. ¿Qué palabras usa Percy para describir los sentimientos de los nuevos habitantes de la casa hacia los ratones?

   _____

6. ¿Qué palabra usa la esposa del granjero para describir a los ratones?

   _____

The Day the Yam Talked

An Ashanti Folk Tale

Long ago, a farmer decided it was time to dig up the yams in his garden and take them to the marketplace in the village. He'd been busy with this and that and hadn't taken time to weed and care for the yams.

"Even so," he said to his wife, "the yams always grow well on their own."

The farmer went to the field and began to dig between the tangled vines.

A voice said, "Why have you waited so long to come to my field? You haven't watered or cared for me. Go away and leave me alone!"

"Who said that?" asked the farmer.

"It was the yam," answered the dog. "He's right, you know. You were lazy. Look at this field, covered with weeds and twisted vines."

The farmer didn't like the way the dog had talked to him. "I will tie you up, and you won't be able to follow me to market." The farmer cut a vine from the tree.

"You can leave me alone, too," said the vine. "Hang me back on the tree."

The farmer dropped the vine on a rock. The rock said, "I want to feel the warm sun on my back. Get that vine away from me."

The farmer was afraid. He ran along the path toward the village to tell the chief what he had heard.

Soon he came to a fisherman who was catching fish in a basket trap. "Farmer, why are you running on such a hot day? Are you being chased by a lion or running after a hare?"

"It's not that at all. This morning a yam said, 'Go away and leave me alone.' My dog said, 'He's right, you know.' I cut a vine to tie up the dog, and the vine said, 'Hang me back on the tree.' I dropped the vine on a rock, and the rock said, 'Get that vine away from me.'"

 Read & Understand Fiction, Spanish/English • EMC 5310 • © Evan-Moor Corp.

"I'm going to the village to tell the chief what I have heard," explained the farmer.

"No yam has ever talked to me," said the fisherman, not believing what the farmer said. "Go back to your farm and forget about it."

The fisherman's basket spoke up, "Finish the story. How long do I have to wait to hear the ending? Did the farmer take the vine off the rock?"

The fisherman dropped the basket and ran toward the village with the farmer. Soon the farmer and the fisherman came to a weaver who was carrying his cloth to the village.

"Why are you running so fast on such a hot day? Are you being chased by an elephant, or are you trying to catch an antelope?"

"It's not that at all," said the farmer. "This morning a yam said, 'Go away and leave me alone.' My dog said, 'He's right, you know.' I cut a vine to tie up the dog, and the vine said, 'Hang me back on the tree.' I dropped the vine on a rock, and the rock said, 'Get that vine away from me.'"

"And then," said the fisherman, "my basket said, 'Did the farmer take the vine off the rock?'"

"We're going to the village to tell the chief what we have heard," explained the farmer.

"Who ever heard of a talking yam? Go back to your work," said the weaver.

The bundle of cloth said, "You'd run to the village, too, if you had heard the yam."

The weaver dropped his cloth and ran after the farmer and the fisherman. Soon they came to a man swimming in the river.

"Why are you running when the sun is overhead? Are you being chased by a leopard or running after a goat?"

The three men told their stories.

The swimmer laughed. "Who ever heard of a talking yam? Go back to your work."

The river said, "A talking yam? You'd better run, too."

The swimmer ran after the others. They came to the village and bowed before the chief, who was seated on the golden stool.

"Speak," said the chief.

"Oh, great chief," said the farmer, "this morning a yam said, 'Go away and leave me alone.' My dog said, 'He's right, you know.' I cut a vine to tie up the dog, and the vine said, 'Hang me back on the tree.' I dropped the vine on a rock, and the rock said, 'Get that vine away from me.'"

The fisherman spoke. "My basket asked, 'Did the farmer take the vine off the rock?'"

"My bundle of cloth said, 'You'd run to the village, too, if you heard a talking yam,'" said the weaver.

"The river said, 'You'd better run, too,'" said the swimmer.

"How can you bother me with this silly talk?" said the chief. "Go back to your work before I punish all of you." The men ran from the village.

"Imagine," said the chief's golden stool. "A yam that talks."

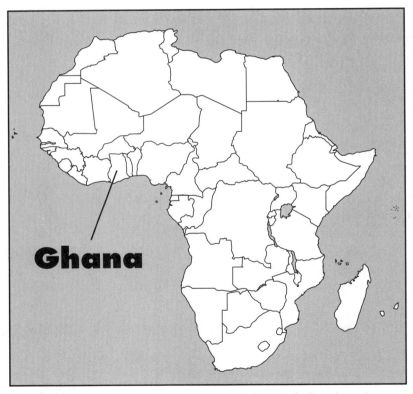

"The Day the Yam Talked" is an Ashanti folk tale. The Ashanti people live in the country of Ghana, Africa. The king of the Ashanti tribe sat on a golden stool.

 Read & Understand Fiction, Spanish/English • EMC 5310 • © Evan-Moor Corp.

Name _____

Questions About
The Day the Yam Talked

1. Why did the yam tell the farmer to go away?

   _____

2. Why didn't the farmer like what the dog said?

   _____

3. What did the vine want the farmer to do?

   _____

4. Why did the fisherman, the weaver, and the swimmer run to the village with the farmer?

   _____

   _____

5. Why didn't the chief believe the stories the men told?

   _____

6. Do you think the chief believed the men after he heard the golden stool talk? Explain your answer.

   _____

   _____

7. How would the story be different if the farmer had cared for the yams?

   _____

   _____

Name _____

The Day the Yam Talked
Vocabulary

1. Write each word below on the line next to its synonym. Use the clues in the story and the dictionary to help you.

    tangled   alone   stool   punish   asked

   a. _____ solitary

   b. _____ to cause discomfort to for some fault

   c. _____ questioned

   d. _____ intertwined, twisted

   e. _____ a seat

2. Write each word below on the line next to its meaning. Use the clues in the story and the dictionary to help you.

    weaver   yam   hare   vine   bundle   explained

   a. _____ made the meaning clear

   b. _____ a climbing, long-stemmed plant

   c. _____ a rabbitlike animal

   d. _____ a root that is eaten

   e. _____ objects bound together

   f. _____ a person who makes fabric or material

3. Write sentences that tell about the story, using each of these words:

    yams   marketplace   tangled   chief

   _____

   _____

   _____

   _____

The Day the Yam Talked

Personification

Sometimes authors give objects and animals human characteristics. This is called **personification**. In "The Day the Yam Talked" there are many nonhuman characters that talk.

Make a list of the nonhuman characters that talk in the story. Write them in the order they appear in the story.

1. _____

2. _____

3. _____

4. _____

5. _____

6. _____

7. _____

8. _____

- -

Setting

The **setting** in a story is the place where the action happens. Under each setting given below, name the items that were personified.

The garden

_____

_____

Along the path

_____

_____

In the village

_____

_____

El día que habló la batata
Cuento tradicional Ashanti

Hace mucho tiempo, un granjero decidió que era hora de excavar las batatas de su jardín y llevarlas al mercado del pueblo. Había estado muy ocupado y no había tenido tiempo de quitar la maleza del jardín y cuidar de las batatas.

"Aún así," le dijo a su esposa, "las batatas crecen bien sin cuidados."

El granjero fue al sembradío y empezó a escarbar entre las enredaderas.

Una voz dijo, "¿Por qué esperaste tanto para venir a mi sembradío? No me has echado agua ni me has cuidado. ¡Vete y déjame solo!"

"¿Quién dijo eso?" preguntó el granjero.

"Fue la batata," contestó el perro. "Y tiene razón. Tú has sido algo perezoso. Mira nada más cómo está este sembradío, lleno de maleza y enredaderas."

Al granjero no le gustó la forma en la que le habló el perro. "Te voy a amarrar y ya no podrás seguirme al mercado." Entonces cortó una enredadera del árbol.

"No puedes dejarme sola aquí," dijo la enredadera. "Cuélgame de nuevo en el árbol."

El granjero dejó caer la enredadera encima de una piedra. La piedra dijo, "Quiero sentir el sol tibio en mi espalda. Quítame esta enredadera."

El granjero se asustó. Corrió por el camino que lo llevaba al pueblo a decirle al jefe lo que había escuchado.

En el camino se encontró a un pescador que estaba pescando con una red. "Granjero, ¿por qué corres en un día tan caluroso? ¿Acaso te persigue un león o corres tras una liebre?"

"No, no es eso, para nada. Esta mañana una batata me dijo, 'Vete y déjame sola.' Mi perro dijo, 'Tiene razón.' Corté una enredadera para amarrar al perro y la

Read & Understand Fiction, Spanish/English • EMC 5310 • © Evan-Moor Corp.

enredadera me dijo, 'Cuélgame de nuevo en el árbol.' Dejé caer la enredadera en una piedra y la piedra me dijo, 'Quítame esta enredadera.'"

"Voy al pueblo a decirle al jefe lo que he escuchado," explicó el granjero.

"Jamás me ha hablado una batata," dijo el pescador, sin creer lo que el granjero le había dicho. "Regrésate a tu granja y olvídalo."

Entonces la red del pescador habló, "Termina la historia. ¿Falta mucho para que termine? Cuéntame, ¿el granjero quitó la enredadera de la roca?"

El pescador tiró la red y corrió hacia el pueblo con el granjero. Pronto el granjero y el pescador se toparon con un tejedor que llevaba sus telas al pueblo.

"¿Por qué van corriendo en un día tan caluroso? ¿Acaso los está persiguiendo un elefante o van tras un antílope?"

"No es eso, para nada," dijo el granjero. "Esta mañana una batata me dijo, 'Vete y déjame sola.' Mi perro dijo, 'Tiene razón.' Corté una enredadera para amarrar al perro y la enredadera me dijo, 'Cuélgame de nuevo en el árbol.' Dejé caer la enredadera en una piedra y la piedra me dijo, 'Quítame esta enredadera.'

"Y luego," dijo el pescador, "mi red dijo, '¿Quitaste la enredadera de la piedra?'"

"Vamos al pueblo a decirle al jefe lo que escuchamos," explicó el granjero.

"¿Quién ha escuchado hablar a una batata alguna vez? Regrésense a trabajar," dijo el tejedor.

El bulto de tela dijo, "Tú también hubieras corrido al pueblo si hubieras escuchado hablar a la batata."

El tejedor soltó la tela y corrió tras el granjero y el pescador. Entonces se toparon con un hombre que nadaba en el rió.

"¿Por qué corren cuando el sol calienta sobre su cabeza? ¿Acaso los persigue un leopardo o corren tras una cabra?"

Los tres hombres contaron sus historias.

El hombre que nadaba se rió. "¿Quién ha escuchado hablar a una batata alguna vez? Regrésense a trabajar."

Entonces el río dijo, "¿Una batata que habla? Más vale que tú también corras."

El hombre corrió tras los otros. Llegaron a un pueblo y se inclinaron ante el jefe, que estaba sentado en un banquillo dorado."

"Hablen," dijo el jefe.

"Oh, gran jefe," dijo el granjero, "esta mañana una batata me dijo, 'Vete y déjame sola.' Mi perro dijo, 'Tiene razón.' Corté una enredadera para amarrar al perro y la enredadera me dijo, 'Cuélgame de nuevo en el árbol.' Dejé caer la enredadera en una piedra y la piedra me dijo, 'Quítame esta enredadera.'"

El pescador habló. "Mi red preguntó, '¿Quitaste la enredadera de la roca?'"

"Mi bulto de tela dijo, 'Tú también hubieras corrido al pueblo si hubieras escuchado hablar a la batata,'" dijo el tejedor.

"El río me dijo, 'Más vale que tú también corras,'" dijo el hombre que nadaba en el río.

"¿Cómo me vienen a molestar con esta conversación tan tonta?" dijo el jefe. "Regrésense a trabajar antes de que los castigue a todos." Los hombres se fueron corriendo al pueblo.

"Imagínate," dijo el banquillo dorado del jefe, "¡una batata que habla!"

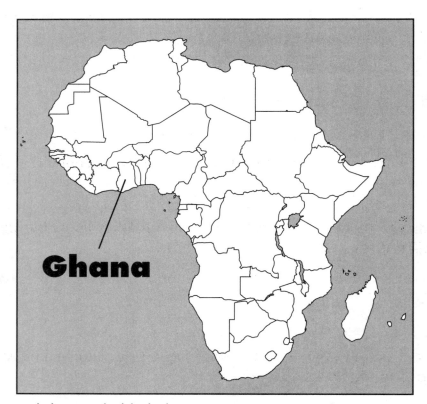

"El día que habló la batata" es un cuento Ashanti tradicional. Los Ashanti viven en Ghana, en África. El rey de la tribu Ashanti usaba un banquillo de oro.

 Read & Understand Fiction, Spanish/English • EMC 5310 • © Evan-Moor Corp.

Nombre _____

Preguntas acerca de
El día que habló la batata

1. ¿Por qué le dijo la batata al granjero que se fuera?

   _____

2. ¿Por qué al granjero no le gustó lo que le dijo el perro?

   _____

3. ¿Qué quería la enredadera que hiciera el granjero?

   _____

4. ¿Por qué corrieron al pueblo con el granjero el pescador, el tejedor y el hombre que nadaba en el río?

   _____

   _____

5. ¿Por qué no creyó el jefe las historias que los hombres le contaron?

   _____

6. ¿Crees que el jefe les creyó a los hombres después de escuchar hablar al banquillo dorado? Explica tu respuesta.

   _____

   _____

7. ¿Crees que la historia hubiera sido diferente si el granjero hubiera cuidado de las batatas? ¿Por qué sí o por qué no?

   _____

   _____

   _____

Nombre _____

El día que habló la batata
Vocabulario

1. Escribe cada una de las siguientes palabras junto a su sinónimo. Usa las pistas de la historia y del diccionario para ayudarte.

solo   banquillo   castigar   preguntó

a. _____ solitario

b. _____ causar dolor por haber cometido una falta

c. _____ cuestionó

d. _____ asiento

2. Escribe cada palabra en la línea junto a su significado. Usa pistas de la historia y el diccionario para ayudarte.

enredados   tejedor   batata   liebre   enredadera   bulto   explicó

a. _____ ayudó para que entendiera

b. _____ planta de tallo largo que crece hacia arriba

c. _____ animal parecido al conejo

d. _____ raíz comestible

e. _____ montón, objetos en grupo o atados juntos

f. _____ persona que hace telas o materiales parecidos

g. _____ entrelazados

3. Usa las siguientes palabras en oraciones que se relacionen con la historia.

batatas   mercado   enredados   bulto

_____

_____

_____

_____

    Read & Understand Fiction, Spanish/English • EMC 5310 • © Evan-Moor Corp.

Nombre _____

El día que habló la batata
Personificación

A veces los autores les dan a los objetos y a los animales características humanas. Eso se llama **personificación**. En "El día que habló la batata" hay muchos personajes que hablan que no son humanos.

Haz una lista de los personajes que no son humanos y que hablan en la historia. Escríbelos en el orden en el que aparecen en la historia.

1. _____   5. _____

2. _____   6. _____

3. _____   7. _____

4. _____   8. _____

Escenario

El **escenario** de una historia es el lugar donde sucede la acción. Escribe debajo de cada escenario los objetos o animales que fueron personificados.

El jardín

_____

_____

A lo largo del camino

_____

_____

En el pueblo

_____

_____

Out of Space

Ten years had passed since we had blasted off Worim. All the planets in our star system were so crowded we couldn't find a place to land. I wanted to stay on Worim and do the best we could, but my folks wouldn't hear of it. "The worms have eaten everything that was green and most things that aren't," Mom said. "We could be next."

"It's now or never," Dad said. "Who would have thought that those cute little pet worms everyone had would have taken over the planet?"

"What if we don't find a new place?" I asked.

"We'll just take in the scenery," Dad answered. "Maybe we'll come to another star system that isn't plagued with worms."

I was so bored, I didn't even bother to watch the asteroids, moons, planets, or all the garbage whizzing by. There were all these broken down spaceships, satellites, and out-of-business fast-food places. People just threw them out when they were done with them instead of disposing of them in a black hole. It was so bad that the intergalactic TV programs we tried to watch came in garbled. I'd watched some great ones from a place called Earth. Most of the creatures on the programs were strange, but a few looked like us. Mom said I watched too much TV anyway. I don't know what she thinks I should do. We ran out of books to read, and we haven't seen a library for five years. Our communication system isn't much better. Sometimes we hear strange signals. There was one about shooting baskets. I couldn't figure out why anyone would want to hurt a basket. I told Dad he'd better be careful where we went down. There could be something worse than worms on some of the planets.

Mom suggested I do something useful in the garden or the science lab. That worked for a year or two. We grew the same old food all the time, so it got boring.

I designed a robot in the lab that took care of the garden. Sometimes, I took off my gravity suit and tried air swimming. I floated around and did all sorts of stunts. That got boring, too. Every year or two, Dad anchored the transport to some space junk, and we took a spacewalk.

Early this morning, we hitched a ride on some light beams traveling from stars. The transport really sped along. Suddenly, Dad steered the space transport off a beam. "Look at this!" he said. Mom and I peered through the monitor. It was another star system. We circled the first planet. It looked deserted. Dad set the anti-gravity button and turned on the search beams. We went in for a better look. It was too small and too cold. We traveled on without getting out to see what it was like. Mom traded places with Dad so he could have a turn at the monitor. Some of the planets were nothing but gas and noxious fumes. There wasn't anything to eat on any of them.

"Look out!" said Mom. "Take cover!" There were flying bits of matter everywhere. Mom was a great driver. She miniaturized our ship, and we managed to get through the meteor storm.

When everything was back to normal, we resumed our regular size. By that time, we were closer to the star. "Look! I think we're home," Dad said. We hadn't seen a planet like this since we left our own star system. There were clouds swirling over the planet, signs of water, green spaces, deserts, everything a Worim needs. Mom came in close, and Dad turned on the testing equipment. "It's possible," he said, "but it seems heavily populated."

We circled the planet a few times, looking for a place to land. The cities had a lot of smoke around them. "No Worim could survive there," Dad said. Finally, he pointed at the screen. "Right here!"

We floated down to a green world and parked the transport under the biggest plant I had ever seen.

"It's time to mingle," Mom said, "and see what creatures are here."

The strange beings we saw stared back at us. A few ran off. I asked one for directions to a library, but the creature ran away without speaking. "A little rude, I'd say." Dad shook his head and said, "They could use a little Worim etiquette."

We came to a huge building with the word *Museum* on the front of it. When we walked inside, we knew we'd have to leave the planet quickly. "Poor fellow! There must have been some gigantic worms here to do something like this," Dad said.

We stared at the skeleton of a giant *Maiasaura.* "It looks just like my Aunt Worima," said Mom, "only a lot bigger." We walked past several more skeletons and looked at the charts and murals on the walls. "Look at that!" I said. "There are others here just like us." The sign above the picture said *Psittacosaurus.*

"That's us," Dad agreed. We were feeling a little better until we saw creatures with nets moving toward us. "Get 'em!" one said. We pulled ourselves upright and almost flew out the door. We didn't stop running until we were inside the transport and on our way up.

Name _____

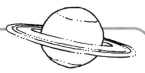

Questions About *Out of Space*

1. What caused the Worims to leave their planet?

   _____

   _____

2. Why didn't they go to another planet in their star system?

   _____

3. What did the narrator believe space creatures should do with spaceships, satellites, and out-of-business fast-food places?

   _____

   _____

4. List four activities that the narrator found to do on the space transport.

   _____

   _____

   _____

5. How did you know that the narrator liked to read?

   _____

   _____

6. Where do you think the Worims landed? Explain your answer.

   _____

   _____

7. Why did the Worims leave the new planet?

   _____

   _____

Name _____

Out of Space
Vocabulary

1. Write the letter of the definition next to each word.

_____ scenery	a. dangerous; harmful to one's health
_____ noxious	b. diseased (as applies to crops and plants)
_____ plagued	c. drew up plans
_____ designed	d. inhabited by many people or animals
_____ asteroids	e. to associate with; mix
_____ anchored	f. fastened with ropes or straps
_____ mingle	g. the way the land looks in a particular place
_____ garbled	h. small, rocky planets that circle the sun, mostly
_____ hitched	between the orbits of Jupiter and Mars
_____ heavily populated	i. mixed up; confused
	j. held in place; fix firmly

2. Read each word or phrase below. Find the word in the story that means the same and write it on the line.

abandoned _____

manage to live _____

discourteous _____

paintings done on walls _____

went fast _____

inhabited _____

a vehicle operator _____

Read & Understand Fiction, Spanish/English • EMC 5310 • © Evan-Moor Corp.

Name _____

Out of Space

Think About It

1. What clues in the story told you that the Worims are dinosaur-like creatures?

   _____

   _____

2. What could have happened to the Worims if they had stayed on the new planet? Write three possibilities.

   _____

   _____

   _____

3. Write a new ending to the story. Tell what happens when the Worims are captured by the creatures with the nets.

   _____

   _____

   _____

   _____

   _____

   _____

   _____

   _____

   _____

   _____

Ya no hay espacio en el espacio

Diez años habían pasado desde que nos lanzamos de Gusi hacia el espacio exterior. Todos los planetas de nuestro sistema solar estaban tan atestados que no podíamos encontrar un lugar para aterrizar. Quería que nos quedáramos en Gusi y hacer lo mejor que se pudiera, pero mis papás no querían ni escucharlo. "Los gusanos se han comido todo lo que era verde y la mayoría de las cosas que no lo eran," dijo Mamá. "Nosotros podríamos ser su siguiente comida."

"Es ahora o nunca," dijo Papá. "¿Quién hubiera pensado que aquellos gusanos tan bonitos que todos tenían como mascotas se apoderarían del planeta?"

"¿Y qué tal si no encontramos un nuevo lugar para vivir?"

"Entonces disfrutaremos del paisaje," contestó Papá. "Tal vez llegaremos a otro sistema solar que no esté plagado de gusanos."

Yo estaba tan aburrido que ni siquiera tenía ganas de observar los asteroides, las lunas ni la basura que pasaba cerca. Había naves espaciales descompuestas, satélites y sitios de comida rápida que estaban fuera de servicio. La gente los había tirado cuando ya no los necesitaba en lugar de deshacerse de ellos, echándolos en un hoyo negro. Había tanto que los programas de televisión intergalácticos que eran transmitidos se veían distorsionados. He visto algunos programas muy buenos de un lugar llamado la Tierra. La mayoría de las criaturas en los programas tenían una apariencia extraña, pero algunos se parecían a nosotros. Mamá decía que yo veía demasiada televisión. No sé qué cree que yo debería hacer. Ya se nos acabaron los libros y no hemos visto una biblioteca en cinco años. Nuestro sistema de comunicación no es mucho mejor. Algunas veces escuchamos señales extrañas. Había una acerca de tirarle a la canasta. No podría imaginarme quién quisiera lastimar a una canasta.

Read & Understand Fiction, Spanish/English • EMC 5310 • © Evan-Moor Corp.

Le dije a Papá que debíamos tener cuidado con el lugar donde íbamos a aterrizar. En algunos de esos planetas podría haber cosas aún peores que gusanos.

Mamá sugirió que me dedicara a hacer algo útil en el jardín o en el laboratorio de ciencia. Eso funcionó por uno o dos años. Como plantábamos y cosechábamos siempre lo mismo, se hizo aburrido. Diseñé un robot en el laboratorio para que cuidara el jardín. A veces me quitaba mi traje de gravedad y trataba de nadar en el aire. Flotaba y hacía toda clase de trucos. Eso también me aburría. Cada uno o dos años, Papá anclaba el vehículo a alguna basura espacial y dábamos un paseo por el espacio.

Esta mañana, temprano, nos enganchamos a unos rayos de luz que salían de las estrellas. El vehículo se empezó a acelerar. De repente Papá nos dirigió hacia un rayo. "Miren eso!" dijo. Mamá y yo nos asomamos al monitor. Era otro sistema de estrellas. Dimos vueltas alrededor del primer planeta. Parecía abandonado. Papá apretó el botón anti-gravedad y prendió las luces de búsqueda. Nos acercamos para poder ver mejor. Era bastante pequeño y muy frío. Seguimos viajando sin salir para ver cómo era. Mamá cambió de lugar con Papá para que él pudiera dedicarse al monitor. Algunos de esos planetas no eran nada más que gas y humos nocivos. No había alimentos en ninguno de ellos.

"¡Cuidado!" dijo Mamá. "¡Cúbranse!" Había pedazos de materia volando por todas partes. Mamá era muy buena para conducir. Hizo que nuestra nave se hiciera miniatura y logramos pasar a través de la tormenta de meteoritos.

Cuando todo había vuelto a la normalidad recuperamos nuestro tamaño normal. Para entonces ya estábamos cerca de la estrella. "¡Miren! Creo que llegamos a casa," dijo Papá. No habíamos visto ningún planeta como ése desde que dejamos atrás nuestro sistema de estrellas. Había nubes girando alrededor del planeta, señales de agua, espacios verdes, desiertos, todo lo que necesitaba un Gusi.

Mamá se acercó y Papá encendió el equipo de pruebas. "Es posible, pero parece muy poblado."

Dimos unas cuantas vueltas alrededor del planeta buscando un lugar para aterrizar. Las ciudades tenían mucho humo alrededor de ellas. "Ningún Gusi podría sobrevivir ahí," dijo Papá. Finalmente señaló a la pantalla. "¡Exactamente allí!"

Flotamos hacia abajo a un mundo verde y nos estacionamos debajo de la planta más grande que nunca habíamos visto.

"Es hora de presentarnos con los habitantes," dijo Mamá, "para saber cómo son las criaturas que viven aquí."

Los seres extraños que vimos nos miraban atentamente. Algunos se fueron corriendo. Le pregunté a uno cómo podíamos llegar a la biblioteca, pero la criatura se fue sin hablar. "Qué falta de cortesía, diría yo." Papá sacudió la cabeza y dijo, "Les ayudaría bastante aprender las reglas de etiqueta de los Gusis."

Llegamos a un enorme edificio con la palabra Museo enfrente. Cuando caminamos adentro, supimos que tendríamos que irnos del planeta rápidamente. "¡Pobrecito! Debe haber unos gusanos gigantescos aquí para haberle hecho esto," dijo Papá.

Observamos con detenimiento al esqueleto del gigante Maiasaura. "Se parece muchísimo a mi tía Gusita," dijo Mamá, "sólo que más grande." Pasamos por varios esqueletos más y miramos las gráficas y los murales en las paredes. "¡Miren eso!" les dije. "Hay otros ahí exactamente como nosotros." El letrero que estaba arriba del retrato decía Psittacosaurus.

"Ésos somos nosotros," dijo Papá. Nos estábamos sintiendo mejor hasta que vimos las criaturas con redes que se acercaban a nosotros. "¡Agárrenlos!" dijo uno. Nos enderezamos y casi volamos por la puerta. No nos detuvimos hasta que llegamos al vehículo para emprender la huída hacia arriba.

Nombre _____

Preguntas acerca de *Ya no hay espacio en el espacio*

1. ¿Qué causó que los Gusis dejaran su planeta?

   _____

   _____

2. ¿Por qué no se fueron a otro planeta del mismo sistema solar?

   _____

3. ¿Qué cree el narrador de esta historia que las criaturas del espacio deben hacer con las naves espaciales, satélites y los sitios de comida rápida que estaban fuera de servicio?

   _____

   _____

4. Haz una lista de cuatro actividades que el narrador encontró para hacer en el transporte espacial.

   _____

   _____

   _____

5. ¿Crees que al narrador le gustaba leer? ¿Por qué sí o por qué no?

   _____

   _____

6. ¿Dónde crees que aterrizaron los Gusis?

   _____

   _____

7. ¿Por qué dejaron el nuevo planeta los Gusis?

   _____

   _____

Ya no hay espacio en el espacio
Vocabulario

Nombre _____

1. Escribe a un lado de cada palabra la letra que corresponde a su definición.

_____ escenario	a. peligroso; que daña la salud
_____ nocivo	b. daño que sufre una cosecha
_____ plaga	c. dibujó un esquema
_____ diseñó	d. habitado por muchas personas o animales
_____ asterioides	e. darse a conocer
_____ anclaron	f. aseguraron con un gancho
_____ presentarse	g. paisaje
_____ distorsionado	h. planetas pequeños y rocosos que orbitan alrededor del sol, principalmente entre Marte y Júpiter
_____ engancharon	i. deformado
_____ poblado	j. aseguraron un vehículo con una herramienta para que no se moviera

2. Busca en la historia las palabras que signifiquen lo mismo que las palabras que están abajo. Escríbelas en la línea que les corresponda.

despoblado _____

vivir _____

amabilidad _____

pinturas _____

apresurar _____

manejar _____

Read & Understand Fiction, Spanish/English • EMC 5310 • © Evan-Moor Corp.

Ya no hay espacio en el espacio

Piénsalo

1. ¿Qué pistas de la historia te indican que los Gusis eran criaturas parecidas a los dinosaurios?

   _____

   _____

2. ¿Qué les hubiera sucedido a los Gusis si se hubieran quedado en el planeta nuevo? Escribe tres posibilidades.

   _____

   _____

   _____

3. Escribe un final nuevo para la historia. Di lo que sucede cuando las criaturas capturan a los Gusis con las redes.

   _____

   _____

   _____

   _____

   _____

   _____

   _____

Stormalong

An American Tall Tale

Stormalong was a big baby. He outgrew his cradle a week after he was born. By the time Stormalong celebrated his first birthday, he had to sleep and eat in the barn with the horses because the house was too small. Before Stormalong blew out the candles on his second birthday cake, he was taller than the church steeple. When Stormalong was five years old, his mother knitted a hammock that stretched from New Bedford, Massachusetts, to Newport, Rhode Island. His father tied one end of the hammock to a giant pine tree in New Bedford and sailed down the coast to Newport. Then he fastened the other end to the top of an enormous chestnut tree.

"There, now," said his mother. "It will take you a few years to outgrow this bed."

Stormalong loved the sea and the ships. From his hammock bed, stretched between Massachusetts and Rhode Island, he could watch ships come and go. He knew when the fishing ships sailed into port and what they brought home. "The *Barstow* is on her way in with a load of halibut and cod," he shouted when he saw the *Barstow* heading for land.

When the people in town heard Stormalong's announcement, they rushed to the dock to buy fresh fish and welcome the crew home.

Stormalong knew all the ship captains. He signed up as cabin boy on the biggest ship he could find, the *Goliath*. All went well as long as he stayed in the middle of the ship. If he leaned over the port side of the ship, the crew had to run to the starboard side so the ship wouldn't roll into the sea. Stormalong could scrub the decks, throw out the anchor, or turn the wheel faster than the rest of the crew.

Read & Understand Fiction, Spanish/English • EMC 5310 • © Evan-Moor Corp.

By the time Stormalong was eleven, he had outgrown the *Goliath*. He decided to build the biggest ship that ever sailed the ocean. It would take many tons of lumber to construct a ship that large. Stormalong didn't want to cut down all the trees near New Bedford. He liked the birds singing him to sleep each night when he slept in his hammock. He knew they needed trees in which to build their nests. He solved the problem by chopping down three trees from each forest from the Atlantic Coast to Pennsylvania.

To earn money for food and tools, Stormalong carried basket loads of fish from ships anchored in the bay to the towns along the shore. The water was never higher than his knees. He talked to ship captains and learned all he could about the oceans and ships.

By the time Stormalong finished building his ship, he was thirteen. He'd taught himself everything there was to know about reading, math, and the stars. He didn't need a crew. He could do everything a hundred seamen could do, and do it much faster at that. He signed on a crew of five cooks and four cats. The latter were to keep the rats from boarding the ship, and the former were hired to prepare meals for Stormalong and the cats. He christened his ship *Colossus*.

When the ship was loaded with food and the sails were in place, Stormalong swam across the harbor and pulled the ship into deep ocean water. He climbed up the ship's ladder and set sail. The *Colossus* was as fast as it was large. In no time at all, it had reached the tip of South America. The *Colossus* didn't quite make the turn when it tried to squeeze between South America and Antarctica. It rammed into South America and broke the tip into small islands and pieces of land. After that, there was a passageway called a strait through South America. Smaller ships could sail between the islands and get from one side of South America to the other. It was a good shortcut.

Stormalong sailed on to China, India, and many islands along the way. He traded for exquisite silks and finely decorated china dishes. He took on bags of pepper and tea leaves. In two months' time, he was back in New Bedford. He sold everything on the ship and became a very rich man. He tried to settle down on land, but he couldn't stay. It was too crowded. Everywhere he went, he had to be careful he didn't step on a house or garden.

With his crew of cats and cooks, Stormalong sailed to the Caribbean Sea. Just as he was passing Florida, a tremendous hurricane tore at the sails of the *Colossus*. Ships sailing nearby were being tossed to and fro and swamped with water. Stormalong jumped overboard and swam through the towering waves. He piled as many boats as he could on the deck of the *Colossus*. He pulled sailors from the water and put them safely in the hold of his ship. The storm raged on.

Stormalong put the anchor chain between his teeth and swam toward Florida, pulling the ship against the wind and torrential rains. He pushed the ship up onto the beach, where waves dashed against it for two days and nights. When the storm finally wound down, the sailors climbed down the ladder of the *Colossus* to thank Stormalong.

After everyone had left the ship, Stormalong went back on board. He unfurled the sails to see if they could be repaired. A great wind, the last breath of the hurricane, hit the sails. The sails flapped like the wings of a giant albatross, lifting the ship and Stormalong into the sky. Stormalong waved good-bye and sailed off. If you look at the night sky, just as sailors often do, you might see the light from Stormalong's lantern flashing across the sky. That's the *Colossus* and Stormalong sailing across the immense ocean of air that surrounds the Earth. It's the only sea big enough for a giant sailor and the largest ship that was ever built.

Name _____

Questions About
Stormalong

1. Stormalong's mother made him a special place to sleep. Describe it.

   _____

   _____

2. Why did Stormalong decide to build his own boat? What was unique about the boat?

   _____

   _____

   _____

3. What did Stormalong name his boat? Why do you think he chose that name?

   _____

   _____

4. What happened when the *Colossus* tried to go around the tip of South America?

   _____

   _____

5. Some people say Stormalong had a big heart. Why?

   _____

   _____

6. In your own words, tell about Stormalong's Caribbean adventure. Use the back of the page if you need more space.

   _____

   _____

   _____

Stormalong
Vocabulary

Match each word from the story with its definition. Use the clues in the story to help you decide what each word means.

steeple	hammock	port	starboard	halibut
anchored	latter	former	christened	strait

1. _____, _____ right and left sides of a ship

2. _____ a bed of woven cord, strung between two places

3. _____ a tower on a church

4. _____ a large edible fish; a flounder

5. _____ a narrow passageway of water

6. _____ the second one mentioned

7. _____ named a ship

8. _____ the first one mentioned

9. _____ held in place by a heavy metal object attached to a chain

■ ■

Fill in the blanks in the sentences using the best answer from this list of words.

tremendous	immense	raged	exquisite	unfurled

1. Stormalong _____ the sails to see if they could be repaired.

2. The storm _____ for two days causing _____ damage and flooding.

3. There is an _____ ocean of air surrounding the Earth.

4. The _____ jewels in the crown sparkled under the bright lights.

   Read & Understand Fiction, Spanish/English • EMC 5310 • © Evan-Moor Corp.

Name _____

Stormalong

Exaggeration

Exaggeration is an important part of the type of stories called tall tales. The heroes and heroines of the tales are gigantic and extravagant. The exaggerated feats of courage and endurance gave early settlers encouragement to face the task of developing a new land.

Find examples of exaggeration in "Stormalong" that support each of the statements below. Write the examples on the lines following each statement.

Stormalong was a big baby

_____

_____

_____

Stormalong earned money to build his ship.

_____

_____

Stormalong didn't need a crew.

_____

_____

Stormalong rescued ships and sailors from a Caribbean hurricane.

_____

_____

_____

Torbellino

Cuento exagerado folclórico de los Estados Unidos

Torbellino había sido un bebé grande. Cuando tenía sólo una semana de nacido, ya le resultaba muy pequeña su cuna. Cuando celebró su primer cumpleaños, ya tenía que dormir en el establo con los caballos porque la casa era muy pequeña para él. Antes de que Torbellino apagara las velas de su segundo pastel de cumpleaños, ya era más alto que el campanario de la iglesia. Cuando tenía cinco años, su mamá le tejió una hamaca que se extendía desde New Bedford, Massachusetts, a Newport, Rhode Island. Su papá amarró un extremo de la hamaca a un pino gigante en New Bedford y navegó hacia la costa a Newport. Entonces aseguró el otro extremo a la copa de un enorme árbol de castañas.

"Ahí tienes tu cama," dijo su mamá. "Te durará algunos años hasta que te quede pequeña."

A Torbellino le gustaban el océano y los barcos. Desde su hamaca, estirada entre Massachusetts y Rhode Island, podía mirar el ir y venir de los barcos. Sabía cuándo llegaban los barcos de pesca al puerto y qué traían. "El *Barstow* viene en camino con una carga de merluza y bacalao," gritó al ver que el *Barstow* se dirigía a tierra.

Cuando la gente del pueblo escuchaba el anuncio de Torbellino, se apresuraban al puerto a recibir a la tripulación y a comprar pescado fresco.

Torbellino conocía a los capitanes de todos los barcos. Se apuntó como grumete del barco más grande que había podido encontrar, el *Goliath*. Todo iba bien mientras permanecía en medio del barco. Si se inclinaba hacia el babor, o el lado derecho del barco, la tripulación tenía que correr hacia el estribor, o el lado opuesto, para que el barco no se hundiera. Torbellino podía lavar la cubierta, tirar el ancla o mover el volante más rápido que el resto de la tripulación.

Cuando Torbellino tenía once años, el *Goliath* ya era muy pequeño para él. Entonces decidió construír el barco más grande que nunca jamás hubiera navegado en el océano. Se necesitarían muchas toneladas de madera para construír un barco tan grande. Torbellino no quería cortar todos los árboles cerca de New Bedford. Le gustaba que cada noche los pájaros le cantaran para arrullarlo hasta que se durmiera en su hamaca. Sabía que ellos necesitaban árboles para construir sus nidos. Resolvió el problema cortando tres árboles de cada bosque de la costa del Atlántico hasta Pennsylvania.

Para ganar dinero para comida y herramientas, Torbellino cargó canastas de pescado de los barcos anclados en los pueblos a lo largo de la costa. El agua nunca le llegaba más arriba de las rodillas. Habló con los capitanes de los barcos y aprendió todo lo que podía acerca de los mares y los barcos.

Cuando tenía trece años, Torbellino terminó de construir su barco. Se había enseñado todo lo que tenía que ver con la lectura, las matemáticas y las estrellas. No necesitaba una tripulación. Podía hacer todo lo que cien hombres eran capaces de hacer y más rápido. Contrató una tripulación de cinco cocineros y cuatro gatos. Estos últimos servirían para prevenir que las ratas abordaran el barco. Los cocineros fueron contratados para preparar comidas para Torbellino y los gatos. Bautizó a su barco con el nombre *Coloso*.

Cuando el barco estaba cargado de comida y las velas estaban listas, Torbellino cruzó el puerto a nado y jaló el barco a las aguas profundas del océano. Subió por la escalera del barco y partió. El *Coloso* era tan rápido como grande. En poco tiempo llegó a la punta de Sudamérica. El *Coloso* no alcanzó a dar vuelta cuando trató de pasar entre Sudamérica y la Antártida. Chocó contra Sudamérica y le quebró la punta, formando así islas y extensiones de tierra. Después de eso quedó un pasadizo llamado un estrecho a través de Sudamérica. Los barcos más pequeños podían navegar entre las islas y navegar de un lado de Sudamérica a otro. Era un buen atajo.

Torbellino pasó por China, India y muchas islas a lo largo del camino. Hizo comercio en sedas y vajillas chinas finamente decoradas. Obtuvo bolsas de pimienta y hojas de té. En dos meses estaba de regreso en New Bedford. Vendió todo lo que llevaba en el barco y se convirtió en un hombre muy rico. Trató de establecerse en la tierra, pero no pudo quedarse. Estaba demasiado poblado. En todas partes a donde iba tenía que tener cuidado de no aplastar una casa o un jardín.

Con su tripulación de gatos y cocineros, Torbellino navegó al Caribe. Justo cuando iba pasando por la Florida, un tremendo huracán jaló las velas del *Coloso*. Los barcos que navegaban a su alrededor eran empujados fuertemente al agua. Torbellino brincó al agua y nadó a través de las enormes olas. Amontonó tantos barcos como pudo en la cubierta del *Coloso*. Sacó a muchos marineros del agua y los puso a salvo en la cabina del barco. La tormenta los azotaba enfurecida.

Torbellino puso la cadena del ancla entre sus dientes y nadó hacia la Florida, jalando el barco contra el viento y la lluvia torrencial. Empujó el barco hacia la playa, donde las olas se estrellaron contra él durante dos días y dos noches. Finalmente, cuando la tormenta se calmó, los marineros bajaron la escalera del *Coloso* para darle las gracias a Torbellino.

Después de que todos habían abandonado el barco, Torbellino regresó a bordo. Desenrolló las velas para ver si se podían remendar. Un gran viento, el último aliento del huracán, azotó las velas. Las velas se movieron como las alas de un albatros gigante, levantando el barco y a Torbellino hacia el cielo. Torbellino se despidió de todo y se alejó. Si observas el cielo en la noche, como lo hacen los marineros, podrás divisar la luz de la linterna de Torbellino que alumbra a través del cielo. Se trata de Torbellino navegando en el *Coloso* a través del inmenso océano de aire que rodea la Tierra. Es el único mar lo suficientemente grande para un marinero gigante y el barco más grande que jamás se haya construído.

Nombre _____

Preguntas acerca de *Torbellino*

1. La mamá de Torbellino le construyó un mueble especial para que durmiera. Descríbelo.

   _____

   _____

2. ¿Por qué decidió Torbellino construír su propio barco?

   _____

   _____

   _____

3. ¿Qué nombre le puso Torbellino a su barco? ¿Por qué crees que escogió ese nombre?

   _____

   _____

4. ¿Qué sucedió cuando el *Coloso* trató de dar la vuelta alrededor de la punta de Sudamérica?

   _____

   _____

5. Algunas personas creían que Torbellino tenía un gran corazón. ¿Por qué?

   _____

   _____

6. En tus propias palabras, describe la aventura de Torbellino en el Caribe. Si necesitas más espacio, usa la parte de atrás de esta hoja.

   _____

   _____

   _____

Torbellino
Vocabulario

Relaciona cada palabra de la historia con su definición. Usa pistas de la historia para determinar el significado de cada palabra.

campanario	anclado	hamaca	negoció	babor
reparar	estribor	bautizar	bacalao	estrecho

1. _____, _____ lados derecho e izquierdo de un barco

2. _____ cama tejida de cordón y atada de dos lugares

3. _____ torre de una iglesia donde se encuentra la campana

4. _____ pescado comestible grande

5. _____ pasaje angosto de agua

6. _____ cambió unos productos por otros

7. _____ nombrar a un barco

8. _____ arreglar para que funcione nuevamente

9. _____ sujetado en un lugar por un objeto de metal pesado conectado a una cadena

■ ■

Llena los espacios en las oraciones usando la mejor respuesta de la siguiente lista de palabras.

tremendos	inmenso	azotó	exquisitas	desdobló

1. Torbellino _____ las velas para ver si podían ser reparadas.

2. La tormenta _____ la costa causando _____ daños e inundaciones.

3. Hay un _____ océano de aire que rodea la Tierra.

4. Las joyas _____ de la corona brillaban bajo las luces.

Nombre _____

Torbellino

Exageración

La exageración es una parte importante del tipo de historias llamadas cuentos exagerados. Los héroes y las heroínas de estos cuentos son gigantescos y extravagantes. Las hazañas de valor y resistencia les dieron a los primeros pobladores la fortaleza que necesitaban para enfrentarse a la tarea de construir un nuevo país.

Encuentra ejemplos de exageración en "Torbellino" que apoyen cada una de las oraciones que están abajo. Escribe los ejemplos en las líneas a un lado de cada oración.

Torbellino era un bebé grande.

_____

_____

_____

Torbellino ganó dinero para construir su barco.

_____

_____

_____

Torbellino no necesitaba una tripulación.

_____

_____

_____

Torbellino rescató barcos y marineros de un huracán en el Caribe.

_____

_____

_____

Introduction to Greek and Roman Myths

The ancient Greeks, like many peoples, tried to explain the mysteries of nature and how things came to be. They lacked the scientific knowledge that we have today, so they created many gods and goddesses—powerful beings who rule storms, seasons, stars, the growing of things, love, death, and everyday life.

According to the Greek myths, the gods and goddesses lived on top of a mountain that was too high for people to climb. The mountain was called Olympus. The gods and goddesses often visited Earth, sometimes disguised as animals or people.

People built temples dedicated to these gods and goddesses. They left offerings and prayed in the temples for the help of the gods and goddesses. Often homes would have a shrine dedicated to a god or goddess.

As with all stories that are told, myths grew and changed through the years. Some of the Greek myths and legends were written as early as 750 to 700 B.C.

When the Romans conquered the Greeks, they took over the Greek gods and goddesses. They gave them Roman names.

Here are some of the names of Greek and Roman gods and goddesses and other characters mentioned in this book. Roman names are written in parentheses.

Aphrodite (Venus)–the goddess of love and beauty

Athena (Minerva)–the goddess of wisdom and war

Demeter (Ceres)–the goddess of the harvest and the Earth

Eros (Cupid)–the god of love

Hera (Juno)–the queen of the gods and goddesses as well as the protector of women

Hermes (Mercury)–the messenger of the gods

Medusa–one of the three Gorgons, sisters with horrible faces and writhing snakes instead of hair

Minotaur–a creature who was half bull and half man

nymphs–female spirits of nature

oracle–a person or place where the gods and goddesses revealed truths to humans

Persephone (Proserpina)–helped her mother, Demeter (Ceres), care for the harvest and plants of the Earth

Hades (Pluto)–the king of the Underworld who ruled the dead

Zeus (Jupiter)–ruled Olympus; hurled thunderbolts when he was angry

Read & Understand Fiction, Spanish/English • EMC 5310 • © Evan-Moor Corp.

Introducción a los mitos griegos y romanos

Los antiguos griegos, como muchas otras culturas, intentaron explicar los misterios y las causas de los fenómenos de la naturaleza. Como carecían del conocimiento científico que existe hoy en día, crearon muchos dioses y diosas—poderosos seres que controlaban las tormentas, las estaciones, las estrellas, el crecimiento de las cosas, el amor, la muerte y los sucesos de la vida diaria.

De acuerdo a los mitos griegos, los dioses y las diosas vivían en la cima de una montaña que era tan alta que la gente no la podía escalar. La montaña se llamaba Monte Olimpo. Los dioses y las diosas frecuentemente visitaban la Tierra, en ocasiones disfrazados como animales o personas.

La gente construyó templos dedicados a estos dioses y diosas. Dejaban ofrendas y oraban en los templos para solicitar la ayuda de los dioses y las diosas. Con frecuencia los hogares tenían un altar dedicado a un dios o una diosa.

Como en todas las historias, los mitos aumentaron y cambiaron a través de los años. Algunos de los mitos y las leyendas griegas fueron escritos durante la época de 750 a 700 A.C.

Cuando los romanos conquistaron a los griegos, se apoderaron de los dioses y las diosas griegas y les dieron nombres romanos.

Aquí están algunos de los nombres de los dioses griegos y romanos y de otros personajes que se mencionan en este libro. Los nombres romanos están escritos dentro de paréntesis.

Afrodita (Venus)—La diosa del amor y la belleza.

Atenas (Minerva)—La diosa de la sabiduría y la guerra.

Deméter (Ceres)—La diosa de la cosecha y la Tierra.

Eros (Cupido)—El dios del amor.

Hera (Juno)—La reina de los dioses y diosas así como la protectora de las mujeres.

Hermes (Mercurio)—El mensajero de los dioses.

Medusa—Una de las tres Gorgonas, hermanas con caras horribles y con serpientes en la cabeza en lugar de cabello.

Minotauro—Un ser que era mitad toro y mitad hombre.

Ninfas—Espíritus femeninos de la naturaleza.

Oráculo—Una persona o un lugar donde los dioses y las diosas revelaban las verdades a los seres humanos.

Perséfone (Prosepina)—Ayudaba a su madre, Deméter (Ceres), a cuidar de las cosechas y las plantas de la Tierra.

Hades (Plutón)—El rey del mundo subterráneo que gobernaba a los muertos.

Zeus (Júpiter)—Gobernaba en el Monte Olimpo; lanzaba rayos cuando estaba enojado.

Theseus and the Minotaur
&
Daedalus and Icarus

King Minos of Crete called for his royal architect and inventor, Daedalus. He knew that Daedalus was the only person clever enough to build a prison that could hold the dreaded Minotaur, a monster with a human body and the head of a bull. The Minotaur roamed about the kingdom killing and eating the people of Crete. No one, not even the king, was safe.

Daedalus built a labyrinth that surrounded the Minotaur. The passageways were designed with twists and turns that seemed to have no end. Once inside the labyrinth, the Minotaur couldn't find the way out. Only Daedalus knew how to escape.

After the Minotaur was imprisoned, its hungry roars kept people awake at night. King Minos had to find a way to quiet the Minotaur so people could live in peace. He sent a message to King Aegeus of Athens. He demanded hostages from Athens to feed the Minotaur. Aegeus knew that he had no choice. King Minos's army was much stronger than his. He was forced to send fourteen youths and maidens to feed this monster.

Theseus, an Athenian hero and the son of King Aegeus, volunteered to go with the hostages. If he could kill the Minotaur, no more Athenians would have to be sent to Crete.

When Ariadne, King Minos's daughter, saw the handsome prisoner, Theseus, she fell in love with him. She asked Daedalus to help Theseus slay the Minotaur and then help him escape from the labyrinth. Ariadne gave Theseus a magic ball of string.

Ariadne told Theseus she would help him if he would take her back to Athens and marry her. Theseus, in love with the beautiful princess, agreed.

Theseus entered the labyrinth when the Minotaur was sleeping. He set the magic string Adriadne had given him on the ground. It rolled in front of him, leading him to the snoring monster. Theseus surprised the Minotaur and killed it. After his victory, Theseus followed the string to the entrance of the labyrinth.

Ariadne and Theseus freed the other prisoners and set sail for Athens.

On the way, the god Dionysus came to Theseus. The god wished to marry Ariadne, and told Theseus to leave her on the island of Naxos.

Although Theseus loved Ariadne, he had to obey the god's command. When Ariadne fell asleep, the broken-hearted Theseus left her on the island and then sailed on to Athens.

King Minos knew that Daedalus was the only one clever enough to help Theseus escape the labyrinth. He blamed Daedalus for the loss of his daughter, and locked him and his son Icarus in a high tower.

"King Minos controls the land and the sea," Daedalus said to his son, "so we must leave by air."

Daedalus made a giant set of bird's wings from feathers set in wax. He strapped them to his arms and soared through the air. Next he set about making wings for his son. The boy gathered feathers and helped his father fasten the feathers to the wax.

Daedalus, like a mother bird teaching her young, taught Icarus to fly. After a few days of practice, the boy could soar across the sky.

"We will set out when the sun rises," said Daedalus. "Heed my warning, Icarus. Follow close behind me. Whatever you do, don't sail too close to the sun."

The next morning, they strapped the wings on their outstretched arms and flew off over the sea.

Late in the afternoon, Icarus felt chilled by the sea breezes. He flew a little closer to the sun. The warmth made him feel much better. Forgetting his father's warning, he soared higher. When he was close to the sun, the wax holding the feathers in place melted. The feathers drifted down to the sea. Icarus, moving his arms back and forth, struggled. He called out to his father, but the wind swallowed his words. Icarus fell into the sea and, being mortal, drowned.

Daedalus, tired from the long flight, decided it was time to find a landing place and rest for the night. He looked behind him. Icarus was gone! Below him, he saw the feathers from Icarus's wings floating on the water. His son had fallen into the sea.

Daedalus landed on a nearby island. Grieving, he named the great sea the Icarian Sea, in memory of his son.

Read & Understand Fiction, Spanish/English • EMC 5310 • © Evan-Moor Corp.

Name _____

Questions About
Theseus and the Minotaur
&
Daedalus and Icarus

1. What good thing did King Minos do? What bad thing?

   _____

   _____

2. How would you describe the Minotaur?

   _____

   _____

3. Why did Theseus volunteer to be one of the Athenian hostages?

   _____

   _____

4. What did Ariadne do to help Theseus?

   _____

   _____

5. What warning did Daedalus give Icarus? Why?

   _____

   _____

6. How would you change the construction of the wings so that what happened to Icarus would not happen again?

   _____

   _____

Name _____

Theseus and the Minotaur
&
Daedalus and Icarus

Vocabulary

A. Write the number of each word by its meaning.

1. labyrinth   _____ a prisoner held as security

2. hostage   _____ a maze

3. architect   _____ greatly feared

4. dreaded   _____ held in confinement

5. maidens   _____ the way in

6. imprisoned   _____ a person who designs buildings

7. entrance   _____ recollection

8. memory   _____ spread wide

9. outstretched   _____ unmarried girls

B. Write a sentence about a memory you have.

_____

C. Write a sentence about something you dread.

_____

D. Describe the entrance to your home.

_____

_____

Read & Understand Fiction, Spanish/English • EMC 5310 • © Evan-Moor Corp.

Name _____

Theseus and the Minotaur
&
Daedalus and Icarus

Figures of Speech

Similes

A **simile** compares two things using the words *like* or *as*.

1. Here is a simile from the story.

> *Daedalus, like a mother bird teaching her young, taught Icarus to fly.*

Tell the two things being compared in the simile.

_____   _____

2. Write about an experience you have had, comparing it to an event from this myth.

Example: *When I looked at the map of trails in the park, I felt like Theseus walking into the labyrinth.*

_____

_____

_____

_____

_____

Personification

Personification gives animals, ideas, or objects human form and characteristics.

What things are personified in these two examples from this myth?

1. It swallowed his words.   _____

2. It rolled in front of him, leading the way.   _____

Teseo y el Minotauro
&
Dédalo e Ícaro

El Rey Minos de Creta llamó a su arquitecto real e inventor, Dédalo. Él sabía que Dédalo era la única persona con la inteligencia necesaria para construir una cárcel donde pudieran mantener al temible Minotauro, un monstruo con un cuerpo humano y la cabeza de un toro. El Minotauro rondaba por el reino y mataba y se comía a los habitantes de Creta. Nadie, ni siquiera el rey, estaba a salvo.

Dédalo construyó un laberinto alrededor del Minotauro. Los senderos estaban diseñados con vueltas que parecían no tener final. Una vez dentro del laberinto, el Minotauro no pudo encontrar la salida. Sólo Dédalo sabía cómo escapar.

Cuando el Minotauro estaba encarcelado, sus rugidos de hambre mantenían despierta a la gente. El Rey Minos necesitaba encontrar una manera de mantener callado al Minotauro para que la gente pudiera vivir en paz. Le envió un mensaje al Rey Egeo de Atenas para exigirle rehenes de Atenas para alimentar al Minotauro. Egeo sabía que no le quedaba otra opción. El ejército del Rey Minos era mucho más fuerte que el suyo. Se vio forzado a enviar catorce jóvenes y doncellas para alimentar al monstruo.

Teseo, un héroe de Atenas e hijo del Rey Egeo, se ofreció como voluntario para ir como rehén. Si lograba matar al Minotauro, no habría necesidad de enviar más ciudadanos de Atenas a Creta.

Cuando Ariadna, hija del Rey Minos, vio al atractivo prisionero, Teseo, se enamoró de él. Le pidió a Dédalo que ayudara a Teseo a matar al Minotauro y después le ayudara a escapar del laberinto. Ariadna le dio a Teseo una bola de hilo mágico.

Ariadna le dijo a Teseo que ella le ayudaría si la llevaba de regreso a Atenas y se casaba con ella. Teseo, enamorado de la hermosa princesa, aceptó.

Cuando el Minotauro dormía, Teseo entró al laberinto. Colocó el hilo mágico en el suelo. El hilo rodó enfrente de él, mostrándole el camino hacia el monstruo, que seguía roncando. Teseo tomó de sorpresa al Minotauro y lo mató. Después de su victoria, Teseo siguió el hilo hasta la entrada del laberinto.

Ariadna y Teseo liberaron a los prisioneros y se embarcaron rumbo a Atenas.

En el camino, el dios Dionisio se acercó a Teseo. El dios deseaba casarse con Ariadna y le dijo a Teseo que la dejara en la isla de Naxos.

Aunque Teseo amaba a Ariadna, tenía que obedecer los órdenes del dios. Cuando Ariadna se durmió, Teseo, el corazón destrozado, la dejó en la isla y se embarco para Atenas.

El Rey Minos sabía que Dédalo era el único con suficiente inteligecia para ayudar a Teseo a escapar del laberinto. Culpaba a Dédalo por la pérdida de su hija, así que decidió encerrarlos a él y a su hijo Ícaro en una torre alta.

"El Rey Minos controla el mar y la tierra," le dijo Dédalo a su hijo, "así que debemos escaparnos por aire."

Dédalo construyó unas gigantescas alas de plumas de ave pegadas con cera. Se las amarró a los brazos e inició su vuelo. En seguida se puso a hacerle unas alas a su hijo. El joven recogió plumas y ayudó a su padre a pegarlas con cera.

Dédalo le enseñó a Ícaro a volar, como una ave madre le enseña a volar a sus crías. Después de practicar por unos cuantos días, el joven aprendió a volar.

"Nos iremos cuando salga el sol," dijo Dédalo. "Presta atención a mis advertencias, Ícaro. Sígueme de cerca. Pase lo que pase, no vueles muy cerca del sol."

La mañana siguiente, se ataron las alas a los brazos estirados y se echaron a volar sobre el mar.

Ya avanzada la tarde, Ícaro sintió frío con la brisa del mar. Voló un poco más cerca del sol. La tibieza hizo que se sintiera mejor. Olvidando la advertencia de su padre voló más alto. Cuando estaba cerca del sol, la cera que pegaba las plumas se derritió. Las plumas se cayeron al mar. Ícaro movía las alas de arriba a abajo con dificultad. Le llamó a su padre, pero el viento se llevó sus palabras. Ícaro se cayó al mar y, como todo mortal, se ahogó.

Dédalo, ya cansado del largo viaje, decidió que era hora de encontrar un lugar para aterrizar y descansar por la noche. Miró hacia atrás. ¡Ícaro había desaparecido! Debajo de él, vio las plumas de las alas de Ícaro flotando en el agua. Su hijo se había caído al mar.

Dédalo aterrizó en una isla cercana. Lleno de tristeza, nombró al gran mar Mar Icariano en memoria de su hijo.

Read & Understand Fiction, Spanish/English • EMC 5310 • © Evan-Moor Corp.

Nombre _____

Preguntas acerca de
Teseo y el Minotauro
& Dédalo e Ícaro

1. ¿Qué cosa buena hizo el Rey Minos? ¿Qué cosa mala hizo?

   _____

   _____

2. ¿Cómo describirías al Minotauro?

   _____

   _____

3. ¿Por qué se ofreció Teseo para ser uno de los rehenes de Atenas?

   _____

   _____

4. ¿Qué hizo Ariadna para ayudar a Teseo?

   _____

   _____

5. ¿Qué advertencia le hizo Dédalo a Ícaro? ¿Por qué?

   _____

   _____

6. ¿Cómo cambiarías el diseño de las alas para que no te sucediera lo que le sucedió a Ícaro?

   _____

   _____

Nombre _____

Teseo y el Minotauro
& Dédalo e Ícaro
Vocabulario

A. Escribe el número de cada palabra junto a su significado.

1. laberinto

_____ cautivo que se toma para obligar a alguien a cumplir con ciertas condiciones

2. rehén

_____ lugar lleno de caminos que se cruzan y del cuál es difícil salir

3. arquitecto

_____ que provoca miedo

4. temible

_____ alguien que se mantiene encerrado

5. doncellas

_____ el camino hacia adentro

6. prisionero

_____ persona que diseña edificios

7. entrada

_____ recuerdo

8. memoria

_____ extendidos

9. estirados

_____ jóvenes solteras

B. Escribe una oración acerca de un recuerdo tuyo.

_____

C. Escribe una oración acerca de algo a lo que tú le tengas miedo.

_____

D. Describe la entrada de tu casa.

_____

_____

Nombre _____

Teseo y el Minotauro
& Dédalo e Ícaro

Lenguaje

Símiles

Un **símil** compara dos cosas usando las palabras *como* o *tan...como*.

1. Aquí hay un símil de la historia:

    Dédalo le enseñó a Ícaro a volar, como una ave madre le enseña a volar a sus crías.

    Escribe las dos cosas que se comparan en el símil anterior.

    _____   _____

2. Escribe una experiencia que hayas tenido. Compárala con un evento del mito que acabas de leer.

    Ejemplo: *Cuando vi el mapa de los senderos del parque, me sentí como Teseo caminando en el laberinto.*

    _____

    _____

    _____

    _____

Personificación

La **personificación** les da a los animales, ideas u objetos la forma y las características de los seres humanos.

¿Qué cosas fueron personificadas en estos dos ejemplos del mito?

1. Se llevó sus palabras.   _____

2. Rodó enfrente de Teseo, mostrándole
   el camino hacia el monstruo.   _____

Echo and Narcissus

Echo played in the forests, entertaining the other nymphs with her stories and songs. Her voice was never silent. One day, the goddess Juno came into the forest looking for her husband, Jupiter. Echo stopped the goddess and began telling stories. She wouldn't stop talking. She followed wherever Juno went, telling her about all the nymphs in the forest.

Finally, Juno became so angry with the gossiping nymph that she took away the nymph's voice. "You will never again have the first word," the goddess said. "You will only be able to repeat the last words of those who speak to you."

Echo hid in caves near the mountains she had once loved to climb. She was ashamed to meet her friends and not be able to greet them. When the other nymphs called to her, she called back, repeating the last words they had said.

One day, Narcissus, a handsome youth, stopped to rest in the shade of a giant rock. Echo, who was hiding in a nearby cave, gazed upon the godlike young man and fell in love with him. But since Juno had taken away her first words, she had to wait for him to speak. She left the cave and sat down beside the young man.

Narcissus, who felt he was better than all others, frowned at Echo. "Why are you here?" he asked.

"Here," repeated Echo.

"I wish you would go away!" Narcissus said.

"Away," repeated Echo. She hid behind a tree and watched Narcissus.

 Read & Understand Fiction, Spanish/English • EMC 5310 • © Evan-Moor Corp.

Narcissus walked to a nearby pond to get a drink. When he bent down, he saw a beautiful face staring back at him. Narcissus smiled, and the face smiled at him. He tried to touch the face, but it disappeared under the water. Narcissus waited until the water was calm, then looked again. The face was there once more.

"I can see you care for me just as I care for you," said Narcissus to the face in the water. "When I smile, you return my smile. Still, you won't let me touch you. I will have to be content to stay here and gaze at your face. My heart is filled with love for you."

"Love for you," Echo repeated sadly, but Narcissus didn't seem to hear her. He just gazed at his own reflection in the pond. Narcissus had fallen in love with himself.

Narcissus was so much in love that he forgot to eat and drink. He grew pale and became ill. Even so, he didn't leave the face in the pond. Finally he died, and there, by the pond, a beautiful purple and white flower grew. The gods called the flower the narcissus in memory of the youth who loved only himself.

Echo mourned the handsome Narcissus. She died of grief, unable to tell anyone about her love. Her voice is still heard repeating the last words she hears.

Name _____

Questions About
Echo and Narcissus

1. What is the main characteristic of Echo?

_____

2. What happened as a result of that characteristic?

_____

_____

3. What is the main characteristic of Narcissus?

_____

4. What happened as a result of that characteristic?

_____

_____

5. Would you consider this myth a tragedy or a comedy? Justify your answer.

_____

_____

_____

_____

_____

   Read & Understand Fiction, Spanish/English • EMC 5310 • © Evan-Moor Corp.

Echo and Narcissus

Word Origins

Use what you know about the characters to define these two words that have their origin in this myth. Check your ideas with a dictionary.

1. During rehearsals, the voices of the chorus would echo through the theater halls.

   Echo means _____

   _____

2. The psychologist said that the patient suffered from narcissism.

   Narcissism means _____

   _____

● ● ● Synonyms ● ● ●

Write the number of each word by its synonym.

1. quiet	_____ gazed
2. amusing	_____ mourned
3. recollection	_____ ashamed
4. spirit of nature	_____ content
5. scowled	_____ reflection
6. satisfied	_____ memory
7. stared at	_____ frowned
8. image	_____ silent
9. disgraced	_____ entertaining
10. grieved	_____ nymph

Name _____

Echo and Narcissus
Character Analysis

Choose one of the characters appearing in the story of "Echo and Narcissus" and write his or her name on the line. Think about this character and what he or she does in the story. Then analyze the character you chose by completing the diagram below.

Character's Name:

_____

What the character does or what happens to him or her:	What other characters in the story think about him or her:	What I think about the way this character behaves in the story:

Bonus activity: In a small group with your classmates, compare your impressions and ideas about the character you chose.

 Read & Understand Fiction, Spanish/English • EMC 5310 • © Evan-Moor Corp.

Eco y Narciso

Eco jugaba en el bosque y entretenía a las otras ninfas con sus historias y canciones. Su voz nunca estaba en silencio. Un día la diosa Juno vino al bosque en busca de su esposo, Júpiter. Eco detuvo a la diosa y empezó a contarle historias. No paraba de hablar. Seguía a Juno dondequiera y le hablaba acerca de todas las ninfas del bosque.

Finalmente Juno se enojó tanto con sus chismes que le quitó la voz a la ninfa. "Nunca más podrás decir la primera palabra," dijo la diosa. "Sólo podrás repetir las últimas palabras de aquellos que te hablen."

Eco se escondía en las cuevas cerca de las montañas que antes tanto le había gustado escalar. Sentía vergüenza al ver a sus amigas y no poder saludarlas. Cuando las otras ninfas la llamaban, ella les contestaba repitiendo las últimas palabras que ellas usaban.

Un día Narciso, un joven muy bien parecido, se detuvo a descansar a la sombra de una roca gigante. Eco, que se escondía en una cueva cercana, admiraba al joven con su aspecto casi de un dios y se enamoró de él. Pero como Juno se había llevado sus primeras palabras, Eco tenía que esperar hasta que él hablara, así que dejó la cueva y se sentó a un lado del joven.

Narciso, quien se sentía superior a todos, frunció el ceño y miró a Eco. "¿Por qué estás aquí?"

"Aquí," repitió Eco.

"¡Quisiera que te fueras lejos!" dijo Narciso.

"¡Lejos!" repitió Eco. Se escondió detrás de un árbol para observar a Narciso.

Narciso caminó a una laguna cercana para tomar agua. Al inclinarse, vio una hermosa cara que lo miraba atentamente. Narciso sonrió y la cara le sonrió. Trató de tocar la cara, pero desapareció bajo el agua. Narciso esperó hasta que el agua estaba tranquila de nuevo y volvió a mirar. La cara estaba allí de nuevo.

"Puedo ver que te intereso tanto como tú me interesas," le dijo Narciso a la cara que estaba en el agua. "Cuando sonrío, tú me sonríes también. Aún así, no dejas que yo te toque. Tendré que contentarme con quedarme aquí y mirar tu cara. Mi corazón está lleno de amor para ti."

"Amor para ti," Eco repitió tristemente, pero Narciso pareció no escucharla. Él sólo admiraba su propia reflexión en la laguna. Narciso se había enamorado de sí mismo.

Narciso estaba tan enamorado que se olvidó de comer y beber. Se puso pálido y se enfermó. Aún así no dejó la cara de la laguna. Finalmente murió, y allí, cerca de la laguna, creció una hermosa flor morada y blanca. Los dioses la llamaron narciso en memoria del joven que sólo se amó a sí mismo.

Eco lloró la muerte del hermoso Narciso. Ella murió de dolor, sin poder contarle a nadie de su amor. Todavía se puede escuchar su voz cuando repite las últimas palabras que oye.

Read & Understand Fiction, Spanish/English • EMC 5310 • © Evan-Moor Corp.

Nombre _____

Preguntas acerca de
Eco y Narciso

1. ¿Cuál era la característica principal de Eco?

   _____

2. ¿Qué sucedió a causa de esa característica?

   _____

   _____

3. ¿Cuál era la característica principal de Narciso?

   _____

4. ¿Qué sucedió a causa de esa característica?

   _____

   _____

5. ¿Considerarías este mito una tragedia o una comedia? Explica tu respuesta.

   _____

   _____

   _____

   _____

   _____

Nombre _____

Eco y Narciso
Orígenes de las palabras

Lee las siguientes oraciones. Usando el contexto de las oraciones y lo que sabes acerca de los personajes de la historia, define las palabras que le siguen a cada oración. Después busca el significado de las palabras en el diccionario y compáralo con tus respuestas.

1. Las voces del coro hacían eco en los pasillos del teatro durante los ensayos.

   Eco significa _____

   _____

2. El psicólogo dijo que el paciente sufría de narcisismo.

   Narcisismo significa _____

   _____

●●● Sinónimos ●●●

Escribe el número de cada palabra junto a su sinónimo.

1. callada	_____	observaba
2. divertía	_____	lloró
3. recuerdo	_____	avergonzado
4. espíritus de la naturaleza	_____	contentar
5. se enojó	_____	reflejo
6. satisfacer	_____	memoria
7. miraba detenidamente	_____	frunció el ceño
8. imagen	_____	silenciosa
9. desgraciado	_____	entretenía
10. lamentó	_____	ninfas

Read & Understand Fiction, Spanish/English • EMC 5310 • © Evan-Moor Corp.

Nombre _____

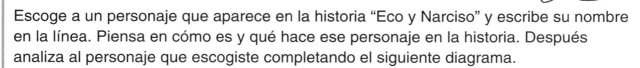

Eco y Narciso
Análisis de un personaje

Escoge a un personaje que aparece en la historia "Eco y Narciso" y escribe su nombre en la línea. Piensa en cómo es y qué hace ese personaje en la historia. Después analiza al personaje que escogiste completando el siguiente diagrama.

Nombre del personaje:

Lo que hace él o ella o las cosas que le suceden:	Lo que otros personajes de la historia piensan de él o ella:	Lo que yo pienso de la manera en que actúa en la historia:

Actividad adicional: Reúnete con algunos de tus compañeros y comparen sus impresiones y sus ideas sobre el personaje que escogieron.

Introduction to Norse Myths

Norse mythology is named after the people who lived in Scandinavia (Norway, Sweden, and Denmark) during the Middle Ages. This description tells how the Norse pictured their world.

The Norse world was divided into three levels held together by the roots of an enormous ash tree. The highest level was the home of gods and goddesses. Gods who were warriors lived in Asgard. Other gods and goddesses inhabited the land of Vanaheim. The gods could descend to the middle worlds on a rainbow bridge.

On the middle level lived people, giants, elves, and dwarfs. This world, called Midgard, was surrounded by an ocean guarded by a giant serpent.

The third level was the Land of the Dead, which was covered with ice and snow. This land was ruled by the goddess Hel.

Norse gods and goddesses were like the people who worshiped them. They could be jealous and angry or make the wrong decisions. Unlike the Greek gods and goddesses, they could die.

Here are the names of some of the Norse gods and goddesses:

Odin - god of war; greatest of the gods; he started wars and decided their outcome. Odin overlooked the Norse worlds from his home in Valhalla.

Frigg - Odin's wife; she could see the future, but could not tell others what she knew. She cared for women and children.

Balder - son of Odin and Frigg; loving, kind, and known for his wisdom.

Thor - god of thunder; first son of Odin; his famous hammer was named Mjolinir. When it struck the Earth, lightning flashed.

Frey - god of the Earth and people; he was in charge of the rain and the sun.

Freyja - goddess of love and sister to Frey.

Loki - not an official god, but lived among them; he had magic powers and could change into people and animals. His mischievous ways always caused problems.

Read & Understand Fiction, Spanish/English • EMC 5310 • © Evan-Moor Corp.

Introducción a los mitos escandinavos

La mitología escandinava se llama así en honor a la gente que vivía en Escandinavia (los países nórdicos—Noruega, Suecia y Dinamarca) durante la Edad Media. Esta descripción narra cómo los escandinavos percibían el mundo.

El mundo escandinavo o nórdico estaba dividido en tres niveles que se mantenían unidos por las raíces de un enorme fresno. El nivel más elevado era el hogar de los dioses y las diosas. Los dioses que eran guerreros vivían en Asgard. Otros dioses y diosas habitaban la tierra de Vanaheim. Los dioses podían descender a los mundos inferiores a través de un puente de arco iris.

En el nivel medio vivían personas, gigantes, duendes y enanos. Este mundo, llamado Midgard, estaba rodeado de un océano protegido por una serpiente gigante.

El tercer nivel era la tierra de los muertos, la cual estaba cubierta de hielo y nieve. Esta tierra estaba gobernada por la diosa Hel.

Los dioses y las diosas escandinavos eran como la gente que los adoraba. Podían sentir celos, enojarse o tomar decisiones equivocadas. A diferencia de los dioses y diosas griegos, ellos sí podían morir.

Éstos son los nombres de algunos de los diosas y dioses escandinavos:

Odin — Dios de la guerra; el más importante de los dioses; iniciaba las guerras y decidía sus consecuencias. Odin supervisaba los mundos nórdicos desde su hogar en Valhalla.

Frigg — La esposa de Odin; ella podía ver hacia el futuro, pero no podía decirles a los otros lo que sabía. Cuidaba a las mujeres y a los niños.

Balder —Hijo de Odin y Frig; amable, noble y conocido por su sabiduría.

Thor — Dios del trueno; primogénito de Odin; su famoso martillo se llamaba Mjolinir. Cuando le pegaba a la Tierra centelleaban relámpagos.

Frey — Dios de la tierra y la gente; estaba encargado de la lluvia y el sol.

Freyja —Diosa del amor y hermana de Frey.

Loki — No era un dios oficial, pero vivía entre ellos; tenía poderes mágicos y podía transformarse en diferentes personas o animales. Sus travesuras siempre causaban problemas.

Thor and the Giants

Thor, Loki, and Thialfi, a swift runner, set out for Utgard, the Land of the Giants. When night fell, the travelers went inside a cave to sleep. All night, they heard loud noises. As they left in the morning, they stumbled into a snoring giant. In the morning light, they discovered that their cave was really the giant's glove.

When Skrymir, the giant, awoke, he agreed to guide them to Utgard. He stuffed their food into his knapsack and strode off. The travelers had to run to keep him in sight. At sunset the giant stopped and told them he was too tired to eat. He gave them the bag of food and went to sleep. Neither Thor nor Loki could open the iron ties on the bag, so the travelers had no dinner.

Skrymir snored so loudly that no one else could sleep. Thor got up and swung his magic hammer at the giant's head. Skrymir sat up. "An acorn must have fallen from the tree and hit me on the head," he said. He lay back down and began to snore again.

Thor swung his hammer a second time. Skrymir yawned. "A leaf must have fallen on my nose," he said. "Thor, I see you're awake, too. No one can sleep with acorns and leaves falling from the tree. It's a long journey to Utgard. Let's be on our way."

Thor couldn't believe the giant had survived his blows. The travelers walked the rest of the night and the next day. Skrymir stopped when he came to two different paths.

"I'm going to the left. If you follow the other path, you will be in Utgard before dark." The giant strode off with their food.

The travelers walked until they came to a gate that touched the clouds. It opened and they entered the giants' city. They went inside a building that was larger than any building in the land of the gods.

Read & Understand Fiction, Spanish/English • EMC 5310 • © Evan-Moor Corp.

"Guests!" shouted a giant seated at a table. "We have few visitors. You are welcome, but you must prove your strength if you stay with us. I recognize you, Thor, but I didn't think you were so scrawny. Those stories about you killing giants must be false."

Thor raised his hammer to strike the giant, but he remembered that his blows to Skrymir's head had not harmed him.

"What can the three of you do to prove you are worthy of our company?" the giant asked.

"I am the fastest runner in Midgard," said Thialfi. "I challenge one of the giants to a race."

A long-legged giant appeared. Thialfi and the giant raced on the road that circled Utgard. The giant ran around twice before Thialfi was at the halfway mark.

"And what about you?" the leader asked Loki.

"I can eat more than any giant," said Loki, who hadn't eaten for two days.

The giant set up a wooden trough that stretched across the room. He filled it with meat. Loki started eating at one end of the trough, and a giant began eating at the other. The giant and Loki reached the middle at the same time. The giant won because he had eaten the meat, the bones, and the trough itself.

"Your friends have failed, Thor. How can you prove your strength?" the giant asked.

"I can drink more than anyone," Thor said.

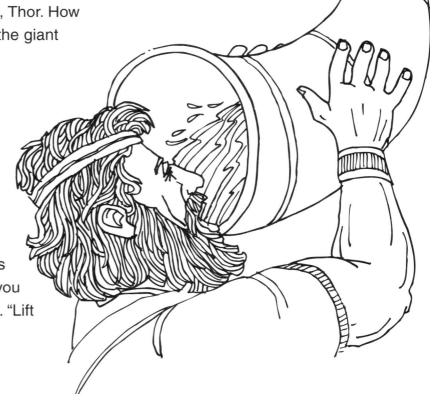

The giant brought out a hollow horn and handed one end to Thor. No matter how much Thor drank, the horn stayed almost full.

"The mighty Thor isn't as great as I thought, but I'll give you another chance," said the giant. "Lift this giant cat."

Thor tried to lift the animal. Only one of the animal's front feet left the ground. Humiliated, Thor gave up.

"No one at Utgard will wrestle a god as weak as you," said the giant, "but you may wrestle with my mother."

An old crone with a cane hobbled into the room. She put a hammerlock on Thor and floored him.

The giant led the defeated travelers out the gate. Thor said, "I brought shame to the gods."

"Things are not always what they seem," their host said. "I am really Skrymir, the giant from the forest. Indeed, Thor, you are mightier than any giant. When you struck at me with your hammer, I rolled to the side and you made deep valleys in the earth. Your blows would have killed me.

"The giant who ran the race was Thought, who travels faster than any runner. The one who challenged Loki was Fire, who eats wood as well as bones and meat."

"That may be true," said Thor, "but we didn't win one contest."

The giant laughed. "Your drinking horn was attached to the sea. No one can drink the sea dry. As for the cat, it was really the sea monster that circles Midgard. No god or giant can lift it. The woman you wrestled was Old Age. No one wins that contest!"

Thor turned to strike the giant with his hammer, but the giant and the city had disappeared.

Read & Understand Fiction, Spanish/English • EMC 5310 • © Evan-Moor Corp.

Name _____

Questions About
Thor and the Giants

1. Who are the main characters in this story?

    _____

    _____

2. What did Skrymir think Thor's hammer blows were?

    _____

    _____

3. What did the travelers need to do to prove that they were worthy of visiting the giants' city?

    _____

    _____

    _____

4. Explain how Skrymir tricked the travelers.

    _____

    _____

    _____

    _____

5. What was the final trick?

    _____

    _____

Name _____

Thor and the Giants

Vocabulary

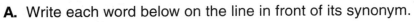

A. Write each word below on the line in front of its synonym.

humiliated   defeated   floored   survived   stumbled

appeared   failed   hobbled   challenged   disappeared

1. _____ remained alive

2. _____ seemed

3. _____ tripped

4. _____ embarrassed

5. _____ knocked down

6. _____ lost

7. _____ unsuccessful

8. _____ limped

9. _____ vanished

10. _____ dared

B. Write sentences using four of the words above.

_____

_____

_____

_____

Read & Understand Fiction, Spanish/English • EMC 5310 • © Evan-Moor Corp.

Name _____

Thor and the Giants

Personification

Personification gives animals, ideas, or inanimate objects human form and characteristics. Myths and legends often have many examples of personification.

Tell how the following ideas or objects were personified in "Thor and the Giants." Then explain what each sentence means.

Old Age _____

No one wins a contest with Old Age.

_____

_____

Thought _____

Thought travels faster than any runner.

_____

_____

Fire _____

Fire eats wood as well as bones and meat.

_____

_____

Thor y los gigantes

Thor, Loki y Thialfi, un corredor muy veloz, salieron hacia Utgard, la Tierra de los Gigantes. Cuando cayó la noche, los viajeros se metieron a una cueva para dormir. Toda la noche escucharon fuertes ruidos. Al intentar salir de la cueva en la mañana, se tropezaron con un gigante que roncaba. A la luz de la mañana, descubrieron que la cueva era en realidad el guante del gigante.

Cuando Skrymir, el gigante, despertó, aceptó enseñarles el camino a Utgard. Metió la comida de los viajeros en su mochila y se marchó. Ellos tuvieron que correr para no perderlo de vista. Al atardecer, el gigante se detuvo y les dijo que estaba demasiado cansado para comer. Les dio la bolsa de comida y se fue a dormir. Ni Thor ni Loki pudieron abrir los lazos de hierro de la bolsa, así que los viajeros no cenaron.

Skrymir roncaba tan recio que nadie podía dormir. Thor se levantó y le dio un golpe al gigante en la cabeza con su martillo mágico. Skrymir se enderezó. "Debe haber caído una bellota del árbol y me pegó en la cabeza," dijo. Se acostó y empezó a bostezar de nuevo.

Thor le dio otro golpe con su martillo. Skrymir bostezó. "Debe haber caído una hoja del árbol y me pegó en la nariz," dijo. "Thor, veo que tú también estás despierto. Nadie puede dormir mientras le caen bellotas y hojas del árbol. El viaje a Utgard es un viaje largo. Vayámonos ya."

Thor no podía creer que el gigante hubiera sobrevivido los golpes. Los viajeros caminaron el resto de la noche y el día siguiente. Skrymir se detuvo cuando llegó a dos caminos diferentes.

"Yo me iré a la izquierda. Si siguen el otro camino, estarán en Utgard antes de que oscurezca." El gigante se alejó con la comida de ellos.

Los viajeros caminaron hasta llegar a una puerta que tocaba las nubes. Se abrió y entraron a la ciudad de los gigantes. Entraron al edificio que era más grande que cualquier otro edificio de la tierra de los dioses.

Read & Understand Fiction, Spanish/English • EMC 5310 • © Evan-Moor Corp.

"¡Invitados!" gritó un gigante que estaba sentado en la mesa. "Tenemos pocos visitantes, pero ellos deben comprobar su fuerza si quieren quedarse entre nosotros. Te reconozco a ti, Thor, pero no pensé que fueras tan flacucho. Esas historias acerca de cómo matas gigantes deben ser falsas."

Thor levantó su martillo para golpear al gigante, pero recordó que los golpes que le había dado a Skrymir en la cabeza no lo habían lastimado.

"¿Cómo pueden comprobar ustedes tres que son dignos de nuestra compañía?" preguntó el gigante.

"Soy el corredor más veloz de Midgard," dijo Thialfi. "Reto a uno de los gigantes a una carrera."

Entonces apareció un gigante de piernas largas. Thialfi y el gigante se lanzaron a una carrera en una camino que circulaba alrededor de Utgard. El gigante corrió dos veces alrededor antes de que Thialfy estuviera a mitad del camino.

"¿Y tú, qué?" le preguntó el líder a Loki.

"Yo puedo comer más que cualquier gigante," dijo Loki, quien tenía dos días sin comer.

El gigante puso un abrevadero de madera que se estiraba a lo largo de la habitación. Lo llenó con carne. Loki empezó a comer por un extremo del abrevadero y un gigante empezó por el otro lado. El gigante y Loki llegaron a la mitad al mismo tiempo. El gigante ganó porque se había comido la carne, los huesos y el abrevadero mismo.

"Tus amigos han fallado, Thor. ¿Cómo puedes tú comprobar tu fuerza?" preguntó el gigante.

"Puedo tomar más líquido que cualquier otro," dijo Thor.

El gigante trajo un cuerno hueco y le dio a Thor un extremo. No importaba cuánto líquido tomara Thor, el cuerno permanecía casi lleno.

"El gran Thor no es tan grande como pensé, pero voy a darte otra oportunidad," dijo el gigante. "Alza este gigantesco gato."

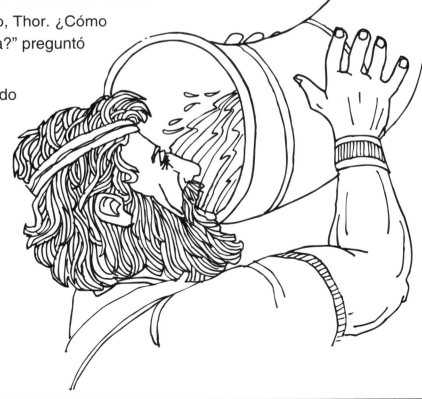

Thor trató de levantar al animal. Sólo consiguió levantar una de las patas delanteras. Sintiéndose humillado, Thor se dio por vencido.

"Nadie en Utgard peleará contra un dios tan débil como tú," dijo el gigante, "pero puedes pelear con mi madre."

Una vieja arpía que caminaba cojeando con un bastón entró al cuarto. Abrazó a Thor y lo tiró al suelo.

El gigante acompañó a la salida a los viajeros vencidos. Thor dijo, "Le hice pasar una vergüenza a los dioses."

"Las cosas no siempre son lo que parecen ser," le dijo su anfitrión. "En realidad yo soy Skrymir, el gigante del bosque. De hecho, Thor, tú eres más poderoso que cualquier gigante. Cuando me golpeaste con tu martillo, me volteé del lado y tú habías hecho hondos valles en la tierra. Tus golpes podrían haberme matado."

El gigante que ganó la carrera era Pensamiento, que viaja más rápido que cualquier trotador. La que retó a Loki era Fuego, que consume madera, al igual que carne y huesos."

"Puede que sea verdad," dijo Thor, "pero no ganamos ni un concurso."

El gigante se rió. "Tu cuerno estaba conectado al mar. Nadie puede beberse el mar entero. Y el gato, en realidad es el monstruo marino que rodea Midgard. No hay dios ni gigante alguno que puede alzarlo. La mujer contra la que pelease es Vejez. ¡Nadie puede vencerla!

Thor volteó para golpear al gigante con su martillo, pero el gigante y la ciudad habían desaparecido.

Nombre _____

Preguntas acerca de
Thor y los gigantes

1. ¿Quiénes son los personajes principales de esta historia?

   _____

   _____

2. ¿Qué pensó Skrymir que eran los golpes del martillo de Thor?

   _____

   _____

3. ¿Cómo debían probar los viajeros que eran dignos de visitar la ciudad de los gigantes?

   _____

   _____

   _____

4. Explica cómo engañó Skrymir a los viajeros.

   _____

   _____

   _____

   _____

5. ¿Cuál fue el engaño final?

   _____

   _____

Nombre _____

Thor y los gigantes
Vocabulario

A. Escribe cada palabra en la línea junto a su sinónimo.

| humillado | parecía | vencer | fallado | suelo |
| cojeando | sobrevivir | reto | tropezaron | desapareció |

1. _____ permanecer vivo

2. _____ daba la apariencia

3. _____ estuvieron a punto de caer

4. _____ avergonzado

5. _____ piso

6. _____ hacer que pierda

7. _____ perdido

8. _____ caminando con dificultad

9. _____ desvaneció

10. _____ desafío

B. Escribe oraciones con las palabras que están en la lista de arriba.

_____

_____

_____

_____

Read & Understand Fiction, Spanish/English • EMC 5310 • © Evan-Moor Corp.

Nombre _____

Thor y los gigantes
Personificación

La **personificación** les da a los animales, ideas u objetos inanimados la forma y las características humanas. Los mitos y leyendas frecuentemente incluyen muchos ejemplos de personificación.

Di cómo las siguientes ideas u objetos fueron personificados en "Thor y los gigantes". Después explica lo que significa cada oración.

La vejez _____

Nadie gana una carrera contra la vejez.

_____

_____

El pensamiento _____

El pensamiento viaja más rápido que cualquier corredor.

_____

_____

El fuego _____

El fuego consume madera, así como huesos y carne.

_____

_____

Balder the Good

Balder, the kindest and most beloved of all the Norse gods, was afraid to go to sleep at night. Whenever he slept, he had nightmares about Niflheim, the Land of the Dead. He feared he would die soon and would have to leave the world of the gods. He asked his parents, Odin and Frigg, and all the other gods and goddesses what he should do.

Odin rode his eight-legged horse to Niflheim. There he sought out a soul who could foretell the future and give advice.

The seer told him, "What will be, will be. Balder can't be saved even by you."

When Odin returned with the news, Frigg refused to believe the prophecy. She traveled throughout the nine worlds and made every plant, tree, stone, metal, and creature agree to protect Balder. Frigg was sure that nothing could harm Balder after the promises were given.

Loki, the trickster, envied Balder's popularity. He saw the gods and goddesses enjoying a game with Balder. They threw rocks and arrows. The missiles always landed at Balder's feet. Nothing that was thrown hit the young god.

Disguising himself as an old woman, Loki visited Frigg. "Do you know what is happening to your beloved Balder?" he asked.

"Yes, it's just a harmless game. Balder is amused by his special powers," Frigg answered.

"Is there nothing that can harm him?" Loki questioned.

"Nothing," Frigg said. "All things in the nine worlds promised not to harm Balder—all, that is, except that tiny mistletoe plant that grows on the tree outside my house. I didn't ask that weak young plant. It couldn't hurt anything."

Read & Understand Fiction, Spanish/English • EMC 5310 • © Evan-Moor Corp.

"I see," answered Loki, and he left quickly.

Loki changed back into his own form. He carved a sharply pointed stick from the mistletoe plant and returned to where the game was being played. He saw Balder's brother Hoder standing alone. "Hoder," Loki said, "why aren't you taking part in the game?"

"You know I am blind," said Hoder. "I don't know which direction to throw a stone or an arrow even if I had one."

"I will help you," Loki said. He handed Hoder the pointed stick made from the mistletoe and showed him how to aim it.

Hoder threw the stick at Balder and it hit him. The point pierced Balder's heart, and the young god died.

All the gods and goddesses wept when they saw what had happened. They knew Loki was to blame, but he had escaped while all were mourning for Balder.

Frigg asked Hermod, one of Odin's sons, to go to Niflheim and talk to Hel, the Queen of the Dead. Balder's return was worth any ransom Hel could ask. Hermod assured Hel that all creatures, plants, and objects grieved for Balder. "The gods and goddesses fear the worlds will suffer without his wisdom and kindness," said Hermod.

Hel agreed to release Balder if everything in all nine worlds wept for him. "You must prove that everything loves Balder. If there is anything that refuses to weep," she said, "he will stay here with me."

Hermod assured the dreaded queen that no blade of grass or rock would remain tearless.

The gods and goddesses traveled the nine worlds. Each object, creature, and all plant life agreed to shed tears for Balder. But at last, one horrible giantess refused to shed a single tear. So Balder had to remain in Niflheim.

It was soon discovered that the giantess who refused to cry was Loki in disguise. The gods and goddesses searched everywhere for the wicked trickster and vowed to punish him.

Loki hid from the gods by changing his shape whenever they were near. He fled to a mountain and built a house with a door facing each of the four directions where he could see anyone coming. As the gods and goddesses approached his house, he jumped into a nearby stream and changed into a salmon. But the visitors were not fooled. They found a fishing net that had been invented by Loki himself and plucked him from the stream.

The gods and goddesses took Loki to a cave and bound him with a tie that couldn't be broken. A poisonous serpent was positioned over his head so that its deadly venom dripped from its fangs onto Loki's face.

Loki remained in the cave until the time of Ragnarok, the end of the world, when the mountain and cave crumbled in an earthquake. Loki, Hel, and an army of dead souls joined the giants to fight the gods and goddesses. Almost all who fought were killed. Fire and flood destroyed the nine worlds.

Then, once more, land rose up from the sea. Balder returned from the dead, and life began again for the few who survived Ragnarok.

Name _____

Questions About
Balder the Good

1. What problem did Balder have to face?

    _____

2. What did Odin do to help Balder? What did Frigg do?

    _____

    _____

    _____

3. Who was blamed for Balder's death? Was the blame justified? Give reasons from the story to
    support your answer.

    _____

    _____

    _____

4. What bargain did Hermod make with Hel?

    _____

    _____

    _____

5. How was Loki a problem in carrying out the bargain?

    _____

    _____

    _____

Name _____

Balder the Good

Vocabulary

A. Write the number of each word by its definition.

1. prophecy   _____ guaranteed

2. envied   _____ a statement that tells what will happen

3. missiles   _____ begrudged; felt jealous

4. harmless   _____ to let go

5. pierced   _____ fell apart

6. ransom   _____ penetrated

7. release   _____ safe; not a threat

8. assured   _____ a payment for the release of a captive

9. trickster   _____ a person who deceives people

10. crumbled   _____ objects for throwing

B. Use words from the list above to complete these sentences.

1. Hermod _____ Hel that all grieved for Balder.

2. The sharp stick _____ Balder's heart.

3. Loki _____ Balder's popularity.

4. The gods said that nothing could stop the _____ from coming true.

C. On another sheet of paper, write about something you consider harmless.

     Read & Understand Fiction, Spanish/English • EMC 5310 • © Evan-Moor Corp.

Name _____

Balder the Good
Identifying and Analyzing Characters

A. Write the name of each character or event from the story on the line in front of the appropriate description.

Balder	Odin	Ragnarok
Loki	Hoder	Hel

1. _____ ruler of Niflheim   4. _____ trickster

2. _____ blind brother   5. _____ beloved god

3. _____ Balder's father   6. _____ end of the world

B. Classify the following characters as good or bad. Give an explanation for each classification.

	Good	Bad	
Hel	☐	☐	_____
			_____
Balder	☐	☐	_____
			_____
Frigg	☐	☐	_____
			_____
Loki	☐	☐	_____
			_____
Odin	☐	☐	_____
			_____

Balder el bondadoso

Balder, el más querido y amable de todos los dioses escandinavos, tenía miedo de dormir en la noche. Cada vez que se dormía tenía pesadillas acerca de Niflheim, la Tierra de los Muertos. Temía morir pronto y tener que dejar el mundo de los dioses. Les preguntó a sus padres, Odin y Frigg, y a todos los demás dioses y diosas, qué debería hacer.

Odin se dirigió a Niflheim en su caballo de ocho patas. Allí buscó un alma adivina que pudiera predecir el futuro y darle consejos.

El adivino le dijo, "Lo que será, será. Balder no podrá salvarse, ni siquiera con tu ayuda."

Cuando Odin regresó con las noticias, Frigg se negó a creer en la profecía. Ella viajó a través de los nueve mundos e hizo que cada planta, árbol, piedra, metal y animal estuviera de acuerdo en proteger a Balder. Frigg estaba segura de que Balder estaría a salvo y que nada podría hacerle daño.

Loki, que era un mentiroso y vividor, envidiaba la popularidad de Balder. Veía cómo los dioses y las diosas se divertían jugando con Balder. Le tiraban piedras y flechas. Los misiles siempre aterrizaban a los pies de Balder. Ningún objeto le pegaba al joven dios.

Loki se disfrazó de anciana y fue a visitar a Frigg. "¿Sabes lo que le está sucediendo a tu adorado Balder?" le preguntó.

"Sí, es un juego inofensivo. Balder se divierte con sus poderes especiales," respondió Frigg.

"¿Hay algo que pueda lastimarlo?" preguntó Loki.

"Nada," dijo Frigg. "Todas las cosas de los nueve mundos prometieron no lastimar a Balder—todas, excepto el pequeño muérdago que crece en el árbol, afuera de

Read & Understand Fiction, Spanish/English • EMC 5310 • © Evan-Moor Corp.

mi casa. A esa pequeña planta no se lo pedí porque es tan débil que no podría lastimar a nadie.

"Ya veo," contestó Loki, y se alejó rápidamente.

Loki volvió a su forma original. Talló un palo puntiagudo del muérdago y regresó a donde jugaba Balder. Vio que Hoder, el hermano de Balder se encontraba solo. "Hoder," le dijo Loki, "¿por qué no tomas parte del juego?"

"Usted sabe que soy ciego," dijo Hoder. "Aún si tuviera una piedra o una flecha, no sabría en qué dirección tirarla."

"Yo te ayudo," dijo Loki. Le dio el palo puntiagudo de muérdago que había hecho y le mostró en qué dirección lanzarlo.

Hoder le tiró el palo a Balder y le pegó. La punta picuda le atravesó el corazón y el joven dios murió.

Todos los dioses y las diosas lloraron al ver lo que había sucedido. Sabían que Loki era el responsable, pero se había escapado mientras todos lamentaban la pérdida.

Frigg le pidió a Hermod, uno de los hijos de Odin, que fuera a Niflheim y hablara con Hel, la reina de los muertos. El regreso de Balder valía cualquier recompensa que Hel pudiera pedir.

Hermod habló con Hel y le aseguró que todos los animales, plantas y objetos lamentaban la muerte de Balder. "Los dioses y las diosas temen que los mundos sufran sin su sabiduría y su bondad," dijo Hermod.

Hel aceptó liberar a Balder si todos en los nueve mundos lloraban por él. "Debes probar que todos aman a Balder. Si hay algo o alguien que se niega a llorar," dijo ella, "él se quedará aquí conmigo."

Hermod le aseguró a la temible reina que ni una brizna ni una planta se quedaría sin llorar.

Los dioses y las diosas viajaron por los nueve mundos. Todos los objetos, animales y plantas con vida aceptaron llorar por Balder. Pero al final, una horrible giganta se negó a llorar, así que Balder tuvo que permanecer en Niflheim.

Pronto descubrieron que la gigante que se había negado a llorar era nada menos que Loki disfrazado. Los dioses y las diosas buscaron dondequiera al malvado bufón y juraron castigarlo.

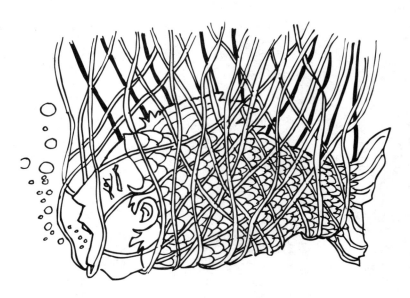

Loki cambiaba de forma cada vez que los dioses se acercaban para esconderse de ellos. Escapó a la montaña y construyó una casa con una puerta que apuntaba a cada uno de los cuatro puntos cardinales para poder ver cuando alguien se aproximara. Cuando los dioses y las diosas se acercaban a la casa, él brincó a un río cercano y se transformó en salmón. Pero no podía engañar a los visitantes tan fácilmente. Encontraron una red para pescar que el mismo Loki había inventado y lo atraparon en el río.

Los dioses y las diosas lo llevaron a una cueva y lo ataron con una cuerda imposible de romper. Colocaron una serpiente venenosa arriba de su cabeza para que su veneno mortal cayera de sus colmillos a la cara de Loki.

Loki permaneció en la cueva hasta la era del Ragnarok, o el fin del mundo, cuando un temblor derrumbó la montaña y la cueva. Loki, Hel y un ejército de almas muertas se unieron a los gigantes para pelear contra los dioses y las diosas. Casi todos los que pelearon murieron en la batalla. Los incendios y las inundaciones destruyeron a los nueve mundos.

Entonces, una vez más, la tierra surgió del mar. Balder regresó de los muertos y la vida empezó de nuevo para los pocos que sobrevivieron el Ragnarok.

Read & Understand Fiction, Spanish/English • EMC 5310 • © Evan-Moor Corp.

Nombre _____

Preguntas acerca de
Balder el bondadoso

1. ¿A qué problema se enfrentó Balder en la historia?

   _____

2. ¿Qué hizo Odin para ayudar a Balder? ¿Qué hizo Frigg?

   _____

   _____

   _____

3. ¿A quién se le culpó por la muerte de Balder? ¿Estaba esa culpa justificada?
   Da razones de la historia para explicar tu respuesta.

   _____

   _____

   _____

4. ¿Qué trato hicieron Hermod y Hel?

   _____

   _____

   _____

5. ¿Qué problemas tuvieron para cumplir el trato?

   _____

   _____

   _____

Nombre _____

Balder el bondadoso
Vocabulario

A. Escribe el número de cada palabra junto a su definición.

1. profecía   _____ garantizó

2. envidiaba   _____ frase que dice lo que sucederá

3. misiles   _____ sentía celos

4. inofensivo   _____ soltar

5. atravesó   _____ se cayó

6. recompensa   _____ penetró

7. liberar   _____ que no ofrece peligro

8. aseguró   _____ pago por la liberación de un cautivo

9. traidor   _____ persona que les miente a otros

10. derrumbó   _____ objetos que se tiran

B. Usa palabras de la lista de arriba para completar las oraciones.

1. Hermod le _____ a Hel que todos llorarían por Balder.

2. El palo puntiagudo _____ el corazón de Balder.

3. Loki _____ la popularidad de Balder.

4. Los dioses decían que nada podría impedir que la _____ se
   cumpliera.

C. En otra hoja de papel, escribe acerca de algo que consideres inofensivo.

   Read & Understand Fiction, Spanish/English • EMC 5310 • © Evan-Moor Corp.

Nombre _____

Balder el bondadoso
Identifica y analiza a los personajes

A. Escribe el nombre de cada personaje o evento de la historia junto a la descripción que le corresponde.

Balder	Odin	Ragnarok
Loki	Hoder	Hel

1. _____ encargado de Niflheim

2. _____ hermano ciego

3. _____ padre de Balder

4. _____ bufón

5. _____ dios adorado

6. _____ fin del mundo

B. Clasifica a los siguientes personajes y eventos como bueno o malo. Da una explicación para cada clasificación.

	Bueno/ Buena	Malo/ Mala	
Hel	☐	☐	_____ _____
Balder	☐	☐	_____ _____
Frigg	☐	☐	_____ _____
Loki	☐	☐	_____ _____
Odin	☐	☐	_____ _____

Introduction to a World of Myths

People have always wanted to know why natural events happen. Why does the sun rise and set? What causes the seasons? They have also wanted to know how the Earth was created and how people came to be. Before there were scientific answers and theories, these events were explained in stories about gods, goddesses, and heroes. These stories are called myths, and the study of myths is called mythology.

Cultures all over the world have their own myths. The four stories in this section span the world: Africa, China, and North America.

"The Earth and Sky," an African myth from Benin

The people in Benin believed that different gods controlled nature. Rain was necessary to grow their food, but sometimes the gods held it back and there was a drought. In this myth, an angry god holds back the rain until his brother agrees to share the Earth.

"The Sky Woman," an Onondaga myth

The Onondaga people are one of the Iroquois Nations. "The Sky Woman" tells how the Earth was formed on a turtle's back. Other Native American people in the northeastern part of Canada and the United States tell different versions of this myth.

"The Ten Suns," a Chinese myth

According to this myth, there were once ten suns in the sky, causing the Earth to burn. "The Ten Suns" explains why there is just one sun now.

"The Warrior and the Princess," an Aztec myth

The Aztecs were a Native American people who ruled a mighty empire in Mexico during the 1400s and early 1500s. They had an advanced civilization, with cities as large as any in Europe at the time. This myth explains the origin of two mountains located near modern-day Mexico City.

Introducción a un mundo de mitos

La gente siempre ha querido saber las causas de los fenómenos naturales. ¿Por qué sale y se oculta el sol? ¿Qué causa las estaciones? También han querido saber cómo fue creada la tierra y cómo aparecieron los seres humanos. Antes de que hubiera respuestas y teorías científicas, estos fenómenos se explicaban a través de historias que incluían dioses, diosas y héroes. Estas historias se llaman mitos y el estudio de los mitos se llama mitología.

Las diversas culturas alrededor del mundo tienen sus mitos. Las cuatro historias en esta sección abarcan todo el mundo: África, China y Norte América.

"La tierra y el cielo", un mito africano de Benin

La gente de Benin creía que los diferentes dioses controlaban la naturaleza. La lluvia era necesaria para la cosecha de los alimentos, pero en ocasiones los dioses la retenían y había sequías. En este mito, un dios enojado retiene la lluvia hasta que su hermano acepta compartir la Tierra.

"La mujer del cielo", un mito onondaga

La tribu onondaga es una de las naciones de los iroqués. "La mujer del cielo" cuenta cómo la Tierra se formó sobre el lomo de una tortuga. Otros pueblos nativo-americanos del noroeste de Canadá y los Estados Unidos cuentan versiones diferentes de este mito.

"Los diez soles", un mito chino

Según este mito, existía una época en la que había diez soles en el cielo, lo que ocasionó que la Tierra se quemara. "Los diez soles" explica por qué ahora hay solamente un sol.

"El guerrero y la princesa", un mito azteca

Los aztecas eran un pueblo nativo-americano que dominaba un poderoso imperio en México durante los siglos quince y dieciséis. Era una civilización muy avanzada que tenía ciudades tan grandes como cualquier ciudad europea de la misma época. El mito explica el orígen de dos montañas que se localizan en las afueras de la actual Ciudad de México.

The Earth and Sky
An African Myth from Benin

Sagbata and Sogbo, the sons of the goddess Mawu, shared the task of ruling the world and the heavens. Unfortunately, the two brothers could not agree on anything, not even the color of the clouds.

Mawu would not take one side of the argument or the other. "You have to learn to get along," she said.

Sagbata, the older brother, packed up all their treasures. "I can't remain in the sky with you any longer. You won't listen to anything I say. Since I am the older brother, all treasures belong to me. I'm taking them to Earth. I leave water and fire here with you because I have no way to carry them."

"The sooner you go, the better," Sogbo said.

After Sagbata left, Sogbo became the favorite of his mother and the other deities. They allowed him to do whatever pleased him. To get even with his brother, who was caring for the Earth, Sogbo kept the rain in the sky and would not allow any water to fall on the Earth.

The plants didn't grow, and the people and animals were hungry. The people went to Sagbata and complained. "Why should we worship you when the Earth burns and there is no water? Go back to the sky. We lived well before you descended to Earth. You bring us misfortune."

Read & Understand Fiction, Spanish/English • EMC 5310 • © Evan-Moor Corp.

"The rains will come," Sagbata said. Weeks, months, and years passed. It didn't rain.

Sagbata called two sky prophets to him and asked them why it didn't rain. "Your brother is holding back the rain. Until you can live peacefully, the rain will stay in the sky," they told him.

"I can't climb back to the sky to talk to my brother. It's too far. What can I do?"

"Call the wututu bird and ask him to take a message to your brother. If you offer to share the Earth, he might share the rain," the sky prophets said.

The wututu bird answered Sagbata's call. "Take this message to my brother," requested Sagbata. "Tell him that I have been selfish. I will let him rule the Earth with me. He can care for the villages and all the people."

The wututu bird flew back to the land of the sky and delivered the message to Sogbo. "Tell Sagbata that I will agree to help him rule the Earth," replied Sogbo.

The wututu bird flew back to Earth. Before he had returned to Sagbata, it began to rain. Sagbata greeted the bird and said, "I know my brother has accepted my offer. Because you have served the two of us well, I will tell all people on Earth that you are sacred and cannot be harmed."

The two brothers became good friends. The wututu bird carried messages of goodwill from one brother to the other. The grass and plants grew again, and the people weren't hungry anymore.

Name _____

Questions About
The Earth and Sky

1. What is the initial problem in this myth?

   _____

2. How did Mawu deal with her arguing sons?

   _____

   _____

   _____

3. Did Sagbata's exit from the sky solve the problem? Tell why or why not.

   _____

   _____

   _____

4. What lesson could be learned from this myth?

   _____

   _____

5. Do you think Mawu was right in the way she dealt with her sons? Explain why you think as
   you do.

   _____

   _____

   _____

 Read & Understand Fiction, Spanish/English • EMC 5310 • © Evan-Moor Corp.

Name _____

The Earth and Sky
Vocabulary

"The Earth and Sky" is a myth about revenge and reconciliation.

Define *revenge.*

_____

_____

Give an example of revenge in the story.

_____

_____

_____

Define *reconciliation.*

_____

_____

Give an example of reconciliation in the story.

_____

_____

_____

Give examples of revenge and reconciliation that you have heard about in your community or in the world at large.

_____

_____

_____

_____

_____

_____

_____

The Earth and Sky

Writing a Description

The wututu bird served Sagbata as an emissary to his brother. The myth doesn't describe the wututu bird. All the reader knows is that the bird is capable of going a long way and relaying a message.

Think about what the wututu bird might look like. How might it move and sound? Write an interesting description of the bird.

_____

_____

_____

_____

_____

_____

_____

_____

_____

_____

_____

_____

_____

_____

_____

La tierra y el cielo
Un mito africano de Benin

Sagbata y Sogbo, los hijos de la diosa Mawu, compartían la tarea de reinar sobre el mundo y los cielos. Desafortunadamente, los dos hermanos nunca podían estar de acuerdo en nada, ni siquiera en el color de las nubes.

Mawu nunca tomaba partido ni de un lado ni del otro de la discusión. "Tienen que aprender a llevarse bien," decía ella.

Sagbata, el hermano mayor, empacó todos sus tesoros. "No puedo permanecer más en el cielo contigo. No haces caso a lo que te digo. Como yo soy el hermano mayor, todos los tesoros me pertenecen. Me los llevo a la Tierra. Dejo al agua y al fuego contigo porque no tengo manera de cargarlos."

"Entre más pronto te vayas, mejor," dijo Sogbo.

Después de que Sagbata se fue, Sogbo se convirtió en el favorito de su madre y de las otras deidades. Dejaban que hiciera lo que él quisiera. Para vengarse de su hermano, quien cuidaba la Tierra, Sogbo detuvo toda la lluvia y no permitió que ni una gota de agua cayera en la Tierra.

Las plantas no crecían y la gente y los animales tenían mucha hambre. La gente fue a quejarse con Sagbata. "¿Por qué tenemos que adorarte cuando hace tanto calor en la Tierra y no hay agua? Regresa al cielo. Vivíamos bien antes de que tú descendieras a la Tierra. Tú sólo nos has traído infortunio."

"Ya vendrá la lluvia," les dijo Sagbata. Pasaron semanas, meses y años y no llovió.

Sagbata llamó a dos profetas del cielo y les preguntó por qué no llovía. "Tu hermano está deteniendo la lluvia. Hasta que puedan vivir en paz, la lluvia se quedará en el cielo," le dijeron.

"No puedo volver a subir al cielo para hablar con mi hermano. Está muy lejos. ¿Qué puedo hacer?"

"Llama al pájaro wututu y pídele que le lleve un mensaje a tu hermano. Si le ofreces compartir la Tierra, tal vez quiera compartir la lluvia," le dijeron los profetas.

El pájaro wututu acudió al llamado de Sagbata. "Toma este mensaje y llévaselo a mi hermano," le pidió Sagbata. "Dile que he sido muy egoísta y que le dejaré reinar en la Tierra conmigo. Él puede cuidar a los pueblos y a toda la gente."

El pájaro wututu voló de regreso al reino del cielo y le dio el mensaje a Sogbo. "Dile a Sagbata que acepto ayudarle a reinar en la Tierra," contestó Sogbo.

El pájaro wututu voló de nuevo rumbo a la Tierra. Antes de que llegara con Sagbata, empezó a llover. Sagbata saludó al pájaro y le dijo, "Sé que mi hermano ha aceptado mi oferta. Como tú nos has servido muy bien a los dos, le diré a la gente de la Tierra que eres sagrado y que no deben hacerte daño."

Los dos hermanos se hicieron buenos amigos. El pájaro wututu llevaba mensajes de buena voluntad de un hermano al otro. El pasto y las plantas crecieron nuevamente y la gente ya no sufrió más hambre.

Read & Understand Fiction, Spanish/English • EMC 5310 • © Evan-Moor Corp.

Nombre _____

Preguntas acerca de
La tierra y el cielo

1. ¿Cuál es el problema inicial en este mito?

   _____

2. ¿Qué hacía Mawu cuando peleaban sus hijos?

   _____

   _____

3. Cuando Sagbata se fue del cielo, ¿resolvió el problema? Explica por qué sí o por qué no.

   _____

   _____

4. ¿Qué lección puede aprenderse de este mito?

   _____

   _____

5. ¿Crees que la forma en la que Mawu actuaba con sus hijos era la correcta? Explica por qué piensas así.

   _____

   _____

   _____

La tierra y el cielo
Vocabulario

"La tierra y el cielo" es un mito acerca de la venganza y la reconciliación.

Define *venganza*.	Define *reconciliación*.
_____	_____
_____	_____
Da un ejemplo de venganza en esta historia.	Da un ejemplo de reconciliación en esta historia.
_____	_____
_____	_____

Da ejemplos de venganza y reconciliación que hayas escuchado en tu comunidad o en el mundo en general.

_____

_____

_____

_____

_____

_____

_____

Read & Understand Fiction, Spanish/English • EMC 5310 • © Evan-Moor Corp.

La tierra y el cielo
Escribir una descripción

El pájaro wututu sirvió a Sagbata de emisario para comunicarse con su hermano. El mito no incluye una descripción del pájaro wututu. Todo lo que sabe el lector es que el pájaro es capaz de viajar largas distancias y entregar mensajes.

Piensa en cómo debe ser el pájaro wututu. ¿Cómo crees que se mueve? ¿Qué sonido podría hacer? Escribe una descripción interesante del pájaro.

_____

_____

_____

_____

_____

_____

_____

_____

_____

_____

The Sky Woman

An Onondaga Myth

In the beginning, there were two worlds separated by a veil of darkness. Water covered the Earth in the lower world. The only creatures who lived there were birds with webbed feet and water animals. There was no earth where they could rest. The water was their home.

The sky people lived in the upper world. They were ruled by a great chief. An enormous tree grew in the upper world. Its roots reached down into the lower world where the swimming animals lived.

The upper world was a peaceful place until the sky chief's young wife became ill. The medicine man prayed and brought her potions to drink that should have cured her, but nothing helped.

One night, the wife dreamed that the great tree had been uprooted. When the trunk of the tree was resting on its side and the roots and branches stretched across the sky, she became well again.

Dreams were important. They foretold the future. If the chief's wife had dreamed that she would be cured if the tree were uprooted, then it must be done.

The sky people loved their tree, but they loved the chief's wife even more. They knew they had to listen to the stories from the dream world. The chief and his mightiest warriors uprooted the giant tree. An enormous hole was left in the upper world where the roots had grown. The chief carried his wife outdoors and placed her next to the hole.

Read & Understand Fiction, Spanish/English • EMC 5310 • © Evan-Moor Corp.

The chief's wife heard the animals splashing in the water in the lower world. She leaned over the hole and peered into the darkness below her. She saw shadowy figures and wanted to see them more clearly. She leaned over the hole a little more and slipped into the darkness. She tumbled downward, on and on, through the black mist. The Sky Woman called to her people. They tried to reach her, but she had fallen too far.

The water animals heard Sky Woman's cries and sent two swans to catch her. The swans flew up to Sky Woman and set her on their backs. Gently they floated down to the water. All the animals came to admire the beautiful woman from the upper world.

"What shall we do with her?" asked the loon. "The swans can't carry her on their backs forever. They must look for food and care for their young. She can't live in the water as we do. She doesn't have webbed feet. It's too far to fly to the sky world to take her home."

A great turtle swam up to the swans. "I will care for Sky Woman," he said. "Set her on my back."

"That is well enough for now," said the beaver, "but she needs a bigger place to live. She needs dirt so she can plant and harvest her food. Her home must be larger than a turtle's back."

"There is only one place where we can find dirt. There is land under the water, but it's so far down that no one has ever been there," said the goose.

"Well, then," the muskrat said, "it's time someone made the trip. Who will go first?"

"I'm on my way!" said the beaver. He dove below the surface. The animals watched for his return, but he didn't come back.

"I'll go see what happened," said the otter. "Beaver can't stay under the water this long. While I'm there, I'll find dirt for Sky Woman." The otter dove into the water. The animals waited. She didn't return.

"It was my idea," said the muskrat. "I must see what has happened to my friends. I'll dive all the way to the bottom and find the dirt for Sky Woman before I return." Down he went.

After the muskrat left, the beaver came to the surface. "I dove as far as I could, but I couldn't hold my breath long enough to reach the bottom. I had to come back without the dirt."

Next came the otter. She was almost dead. "I dove until the pain was so great I had to come back. No one can dive far enough to reach the dirt."

The animals waited and circled the water where the muskrat had gone down. They had given up hope of seeing their friend again, when his head bobbed out of the water.

"Is he alive?" asked the loon.

Muskrat was out of breath and he couldn't answer. He opened his paw. Inside was a ball of dirt. The loon took the dirt and gave it to Sky Woman. She spread a bit of dirt around the edge of the turtle's shell. The turtle's shell grew bigger. Sky Woman spread more dirt on the shell until it grew into a great island.

Sky Woman felt well again. She built a lodge on the island and lived there happily with the animals.

Not too long after that, the sun, moon, and stars were created, bringing light to the lower world. Sky Woman never found a way to return to her home in the sky, but she was content with the island she had created.

Read & Understand Fiction, Spanish/English • EMC 5310 • © Evan-Moor Corp.

Name _____

Questions About
The Sky Woman

1. How was the world divided in the beginning?

   _____

   _____

2. Why did the sky people uproot the tree?

   _____

   _____

3. Who was the hero of this story? Give examples from the story that support your opinion.

   _____

   _____

   _____

4. Does this myth have a happy ending? Tell why you think as you do.

   _____

   _____

   _____

   _____

Name _____

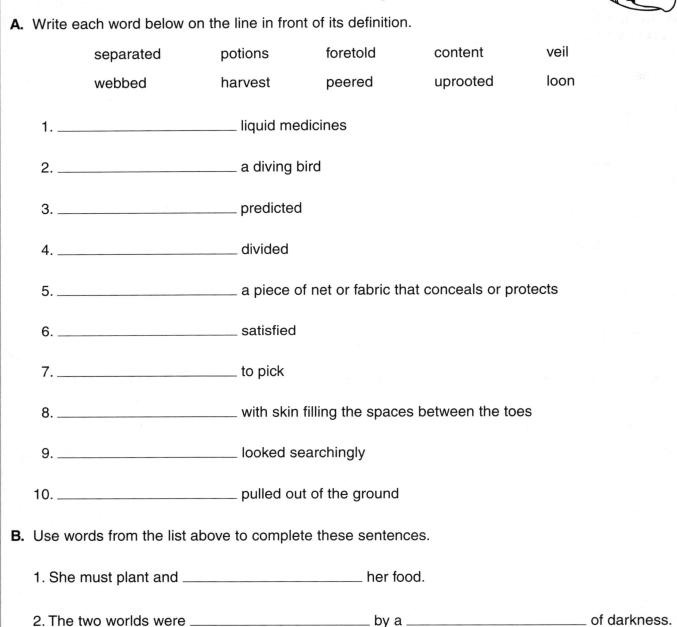

The Sky Woman
Vocabulary

A. Write each word below on the line in front of its definition.

separated	potions	foretold	content	veil
webbed	harvest	peered	uprooted	loon

1. _____ liquid medicines

2. _____ a diving bird

3. _____ predicted

4. _____ divided

5. _____ a piece of net or fabric that conceals or protects

6. _____ satisfied

7. _____ to pick

8. _____ with skin filling the spaces between the toes

9. _____ looked searchingly

10. _____ pulled out of the ground

B. Use words from the list above to complete these sentences.

1. She must plant and _____ her food.

2. The two worlds were _____ by a _____ of darkness.

3. The Onondaga people believed that dreams _____ the future.

4. Swans have _____ feet.

 Read & Understand Fiction, Spanish/English • EMC 5310 • © Evan-Moor Corp.

The Sky Woman

Recalling Details

Many animals helped Sky Woman in this myth. Give specific examples of how each of these animals helped.

1. the swans: _____

_____

2. the turtle: _____

_____

3. the muskrat: _____

_____

● ● ● Fantasy ● ● ●

Myths often involve fantasy. Give two examples of fantastic happenings in "The Sky Woman."

_____

_____

_____

_____

_____

_____

_____

_____

La Mujer Cielo

Un mito de la tribu Onondaga

Al principio había dos mundos separados por un velo de obscuridad. En el mundo inferior, la Tierra estaba cubierta de agua. Las únicas criaturas que vivían ahí eran aves de pies palmeados y animales acuáticos. No había suelo en la que pudieran descansar. El agua era su hogar.

La gente del cielo vivía en el mundo superior. Eran gobernados por un gran jefe. Un árbol enorme crecía en el mundo superior. Sus raíces se extendían hacia el mundo inferior, donde vivían los animales acuáticos.

El mundo superior había sido un lugar tranquilo hasta que la joven esposa del jefe cayó enferma. El curandero rezó y le dio a beber unas pociones para que se curara, pero nada le ayudó.

Una noche la esposa soñó que el árbol había sido sacado desde la raíz. Cuando el tronco del árbol descansaba de lado y las raíces y las ramas se extendían hacia el cielo, ella se curó.

Los sueños eran muy importantes para ellos porque creían que predecían el futuro. Si la esposa del jefe había soñado que ella se curaría si el árbol fuera arrancado desde la raíz, eso era lo que debía hacerse.

La gente del cielo amaba al árbol, pero más amaban a la esposa del jefe. Sabían que tenían que seguir los consejos que se les daban a través de los sueños. Entonces el jefe y sus guerreros más valientes arrancaron el árbol desde la raíz. Un hoyo

Read & Understand Fiction, Spanish/English • EMC 5310 • © Evan-Moor Corp.

enorme quedó en el mundo superior en el lugar donde habían estado las raíces. El jefe cargó a su esposa y la colocó junto al hoyo.

La esposa del jefe escuchó a los animales chapaleándose en el agua del mundo inferior. Se inclinó para asomarse al hoyo oscuro y vio unas figuras indistintas. Se inclinó un poco más para verlas más claramente y se deslizó, cayendo a la oscuridad envuelta en bruma negra. La Mujer Cielo llamó a su pueblo. Ellos trataron de alcanzarla, pero se había caído demasiado lejos.

Los animales acuáticos escucharon el llanto de la Mujer Cielo y mandaron a dos cisnes para detenerla en su caída. Los cisnes volaron hacia la Mujer Cielo y la posaron sobre sus lomos. Suavemente, bajaron al agua. Todos los animales acudieron a admirar a la mujer que había llegado del mundo superior.

"¿Qué hacemos con ella?" preguntó el somorgujo. "Los cisnes no pueden llevarla a cuestas siempre. Deben buscar comida y cuidar a sus pequeños. Ella no puede vivir en el agua como nosotros. No tiene los pies palmeados. El mundo del cielo queda muy lejos para volar hasta allá y llevarla a su casa."

Una enorme tortuga nadó hacia los cisnes. "Yo cuidaré de la Mujer Cielo," dijo él. "Ponla en mi lomo."

"Eso está bien por el momento," dijo el castor, "pero ella necesita un lugar más grande para vivir. Necesita tierra para poder plantar y cosechar su comida. Su casa debe ser más grande que el lomo de una tortuga."

"Sólo hay un lugar donde podemos encontrar tierra. Hay tierra bajo el agua, pero está a una distancia tan profunda que nunca se ha llegado ahí," dijo el ganso.

"Bueno, entonces," dijo la rata almizclera, "Es hora de que alguien haga el viaje. ¿Quién será el primero en ir?"

"¡Salgo en este instante!" dijo el castor. Se lanzó por debajo de la superficie. Los animales estaban pendientes de su regreso, pero el castor no regresó.

"Yo iré a ver qué pasó," dijo la nutria. "El castor no puede permanecer tanto tiempo bajo el agua. Mientras estoy ahí, encontraré tierra para la Mujer Cielo." La nutria se lanzó hacia el fondo del agua. Los animales esperaron y esperaron. La nutria no regresó.

"Fue mi idea," dijo la rata almizclera. "Debo ver qué le ha pasado a mis amigos. Nadaré hasta el fondo y encontraré tierra para la Mujer Cielo antes de regresar." La rata almizclera se dirigió al fondo del agua.

Después de que se había ido la rata almizclera, el castor salió a la superficie. "Nadé tan lejos como pude, pero no pude aguantar la respiración lo suficiente como para llegar hasta el fondo. Tuve que regresar sin la tierra."

En seguida apareció la nutria. Estaba a punto de desfallecer. "Nadé hasta que el dolor fue tan grande que tuve que regresar. Nadie puede nadar tan lejos como para alcanzar la tierra."

Los animales esperaron y se agruparon alrededor del área donde la rata almizclera había bajado. Ya habían perdido la esperanza de volver a ver a su amigo de nuevo, cuando asomó la cabeza del agua.

"¿Está vivo?" preguntó el somorgujo.

La rata almizclera estaba sin aliento y no pudo contestar. Abrió su pata. Adentro estaba un puñado de tierra. El somorgujo lo tomó y se lo dio a la Mujer Cielo. Ella puso tierra alrededor del caparazón de la tortuga. El caparazón de la tortuga creció. La Mujer Cielo puso más tierra sobre el caparazón hasta que éste creció y se convirtió en una gran isla.

La Mujer Cielo se sintió bien de nuevo. Construyó un hogar con troncos y vivió allí felizmente con los animales.

No había pasado mucho tiempo cuando el sol, la luna y las estrellas fueron creadas y apareció la luz en el mundo inferior. La Mujer Cielo nunca encontró el camino de regreso a su casa en el cielo, pero estaba contenta en la isla que había creado.

Read & Understand Fiction, Spanish/English • EMC 5310 • © Evan-Moor Corp.

Nombre _____

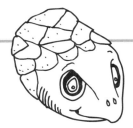

Preguntas acerca de
La Mujer Cielo

1. ¿Cómo estaba el mundo dividido al principio?

   _____

   _____

2. ¿Por qué la gente del cielo sacó el árbol desde la raíz?

   _____

   _____

3. ¿Quién es el héroe de esta historia? Da ejemplos de la historia para apoyar
   tu opinión.

   _____

   _____

   _____

   _____

4. ¿Crees que este mito tiene un final feliz? Explica por qué crees que sí o que no.

   _____

   _____

   _____

   _____

   _____

Nombre _____

La Mujer Cielo
Vocabulario

A. Escribe cada palabra que aparece abajo en la línea que está al lado de su definición.

separados	lanzarse	pociones	cosechar	predecían
contento	arrancar	asomarse	velo	somorgujo

1. _____ líquidos con poderes curativos

2. _____ pájaro que se echa clavados al agua

3. _____ adivinaban

4. _____ divididos

5. _____ pedazo de red o tela que protege el rostro

6. _____ satisfecho

7. _____ recoger

8. _____ tirarse

9. _____ mirar hacia arriba y hacia abajo con curiosidad

10. _____ sacar a jalones

B. Usa palabras de la lista de arriba para completar las siguientes oraciones.

1. Ella debe plantar y _____ sus alimentos.

2. Los dos mundos estaban _____ por un

   _____ de oscuridad.

3. El pueblo Onondaga creía que los sueños _____ el futuro.

4. Los cisnes tienen los dedos de las patas _____.

Read & Understand Fiction, Spanish/English • EMC 5310 • © Evan-Moor Corp.

Nombre _____

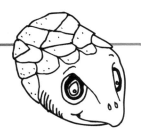

La Mujer Cielo
A recordar detalles

Muchos animales ayudaron a la Mujer Cielo en este mito. Da ejemplos específicos de cómo ayudó cada uno de estos animales.

1. los cisnes: _____

_____

2. la tortuga: _____

_____

3. la rata almizclera: _____

_____

• • • Fantasía • • •

Los mitos frecuentemente incluyen sucesos fantásticos. Escribe ejemplos de dos sucesos fantásticos que hayan sucedido en "La Mujer Cielo".

_____

_____

_____

_____

_____

_____

The Ten Suns

A Chinese Myth

Long ago, there were ten suns, not one. Their mother was married to Di Jun, who was the god of the east. The sun children were well cared for. Each night their mother bathed them in a warm pool and took them to a giant mulberry tree. The suns had the bodies of birds, and they perched in the tree until it was time for them to make the next day's journey across the sky.

After the night had passed, their mother hitched a team of dragons to a golden chariot. She selected one of the suns to drive the chariot. There were ten days in a week at that time, so each sun traveled across the sky once each week. People on Earth had no idea there were so many suns. They went about their work, enjoying warm, sunny days.

The ten suns became bored. Every day was the same. Their mother made all the decisions for them. The drive across the sky was very lonely. The only fun they had was chattering together in the tree or throwing berries at each other when their mother wasn't watching.

One morning, all ten suns climbed into the chariot. Their mother tried to stop them, but they wouldn't listen. "Come back!" she called as they rode into the sky. "Your father, Di Jun, will be angry."

The suns drove higher. When the suns traveled together, their flames filled the sky. They scorched the Earth and trees burned. Rivers and lakes dried. All the fish and other creatures that lived in the water died. The beasts in the forest were thirsty, and there was no water to drink. People and animals on farms died from the heat.

Read & Understand Fiction, Spanish/English • EMC 5310 • © Evan-Moor Corp.

Day after day, the ten suns rode together across the sky. They laughed and sang and teased the dragons that pulled their chariot. They didn't worry about the Earth.

Their mother went to Di Jun and said, "What can I do? The children won't listen to me. Each day, they all climb into the chariot together. They are burning the Earth. Perhaps they will listen to you."

The people prayed to Di Jun. "Deliver us from the heat your children send to Earth. The ground is cracked and burnt. There is no food left for us or for the animals. Speak to them, or soon you will have no people to rule."

Di Jun went to the tree that night and told the suns that they couldn't cross the sky together. "You are destroying the Earth. There is no water left. Your mother and the people have asked me to stop you from riding together."

The suns, perched in the tree, chirped noisily.

Di Jun, thinking the suns had agreed to obey him, returned to his palace. He assured his wife and the people on Earth that the suns had given their word. "They have promised to ride across the sky one at a time."

At dawn the next day, all the suns climbed back into the chariot. Their mother tried to pull them out and put them back in the tree. Whenever she took one out, another climbed back in.

Their mother ran back to Di Jun and told him what had happened. By the time he reached the mulberry tree, the chariot was already in the sky. The clouds dried when the chariot came near them, and there were so many fires burning on Earth that the smoke turned the sky as black as the night sky.

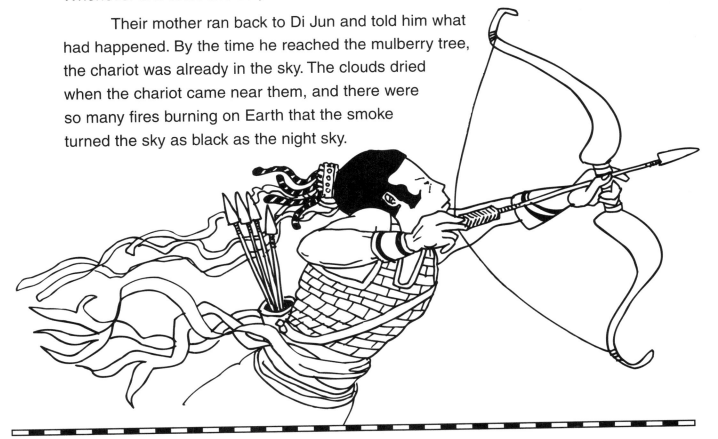

The people went to the emperor and asked for his help. "There will be nothing left for you to rule if you don't stop the ten suns," they said.

The emperor called for his council. They discussed the problem until the suns were directly over the palace. The gold on the walls began to melt.

The emperor realized that there was no time for talk. He sent the council home and called for the royal archer.

The archer was a giant, and he could shoot an arrow so high that it never returned to Earth.

"You must shoot the ten suns before the Earth dies," the emperor said.

The archer filled a quiver with ten arrows and selected an enormous golden bow. He climbed to the top of a mountain and readied his bow as the suns' chariot came closer. He aimed the first nine arrows carefully, and each one hit its mark. The wounded suns fell from the chariot in the form of birds. Their golden feathers floated in the air.

When there was one sun left in the chariot, the archer fit the last arrow in the bow. He felt someone tugging at his arm.

"Wait," said a voice. "Don't shoot the last sun from the sky." The archer turned and saw the suns' mother. "If there is no sun left in the sky, it will be worse than too many. Without sunlight, plants won't grow. There will be nothing to eat. Save one of my children."

The archer nodded and he handed the suns' mother the last arrow.

From that time, there has been just one sun in the sky.

Read & Understand Fiction, Spanish/English • EMC 5310 • © Evan-Moor Corp.

Name _____

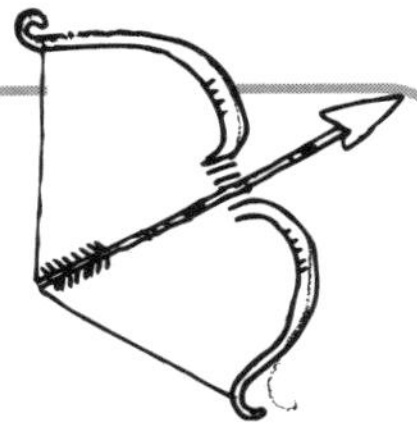

Questions About
The Ten Suns

1. Describe the sun children. Tell how they looked and what they did.

_____

_____

_____

_____

2. Tell what problem developed when the suns became bored.

_____

_____

_____

3. What caused the emperor to act quickly?

_____

_____

_____

4. Why did the archer save one sun?

_____

_____

_____

_____

Name _____

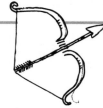

The Ten Suns

Verb Choice

The ten sun children in this myth perch, chirp, and chatter. The verbs that are used support the description of the children as "birds."

A. Write the verbs from the Word Box under the animal they best fit.

elephant

_____

_____

_____

_____

lion

_____

_____

_____

_____

Word Box	
tease	splash
plod	hunt
roar	hang
trumpet	flee
stalk	graze
swing	scramble
leap	

antelope

_____

_____

_____

monkey

_____

_____

_____

B. Describe a natural phenomenon (such as thunder, rain, wind, night) by comparing it with one of the animals. Be sure to choose verbs that support the description.

_____

_____

_____

_____

Read & Understand Fiction, Spanish/English • EMC 5310 • © Evan-Moor Corp.

Name _____

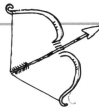

The Ten Suns
Character Analysis

Describe the mother in the myth. Would you consider the suns' mother a good mother? Justify your opinion.

_____

_____

_____

_____

_____

Describe the father as portrayed by Di Jun. Would you consider Di Jun a good father? Justify your opinion.

_____

_____

_____

_____

_____

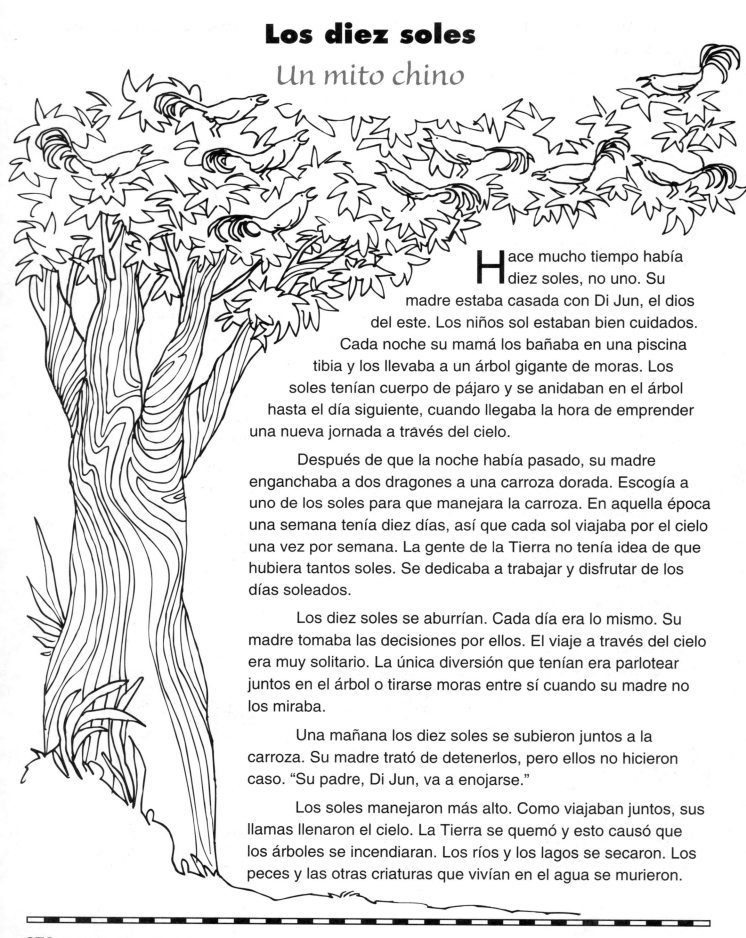

Los diez soles

Un mito chino

Hace mucho tiempo había diez soles, no uno. Su madre estaba casada con Di Jun, el dios del este. Los niños sol estaban bien cuidados. Cada noche su mamá los bañaba en una piscina tibia y los llevaba a un árbol gigante de moras. Los soles tenían cuerpo de pájaro y se anidaban en el árbol hasta el día siguiente, cuando llegaba la hora de emprender una nueva jornada a través del cielo.

Después de que la noche había pasado, su madre enganchaba a dos dragones a una carroza dorada. Escogía a uno de los soles para que manejara la carroza. En aquella época una semana tenía diez días, así que cada sol viajaba por el cielo una vez por semana. La gente de la Tierra no tenía idea de que hubiera tantos soles. Se dedicaba a trabajar y disfrutar de los días soleados.

Los diez soles se aburrían. Cada día era lo mismo. Su madre tomaba las decisiones por ellos. El viaje a través del cielo era muy solitario. La única diversión que tenían era parlotear juntos en el árbol o tirarse moras entre sí cuando su madre no los miraba.

Una mañana los diez soles se subieron juntos a la carroza. Su madre trató de detenerlos, pero ellos no hicieron caso. "Su padre, Di Jun, va a enojarse."

Los soles manejaron más alto. Como viajaban juntos, sus llamas llenaron el cielo. La Tierra se quemó y esto causó que los árboles se incendiaran. Los ríos y los lagos se secaron. Los peces y las otras criaturas que vivían en el agua se murieron.

Read & Understand Fiction, Spanish/English • EMC 5310 • © Evan-Moor Corp.

Los animales del bosque estaban sedientos y no había agua para beber. La gente y los animales de las granjas murieron por el calor.

Día tras día los diez soles manejaron la carroza a través del cielo. Reían, cantaban y jugaban con los dragones que jalaban la carroza. No se preocupaban por la Tierra.

La madre de los soles acudió a Di Jun y le dijo, "¿Qué puedo hacer? Los niños no me escuchan. Todos los días se suben juntos a la carroza. Están quemando la Tierra. Tal vez a ti sí te escuchen."

La gente le rezó a Di Jun. "Sálvanos del calor que tus hijos envían a la Tierra. El suelo está agrietado y quemado. Ya no hay comida para nosotros ni para los animales. Habla con ellos o muy pronto no tendrás gente a quien gobernar."

Di Jun se acercó al árbol esa noche y les dijo a los soles que ya no podían atravesar juntos el cielo. "Están destruyendo la Tierra. Ya no queda agua. Su madre y la gente me han pedido que ya no les permita viajar juntos."

Los soles, colgados del árbol, chirriaron ruidosamente.

Di Jun, creyendo que los soles habían aceptado hacer lo que les había pedido, regresó a su palacio. Les aseguró a su esposa y a la gente de la Tierra que los soles le habían dado su palabra de honor. "Me han prometido cruzar por el cielo uno por uno."

Al amanecer del día siguiente, los soles se subieron nuevamente a la carroza. Su madre trató de sacarlos de la carroza y ponerlos de nuevo en el árbol pero cada vez que sacaba uno, se subía otro nuevamente.

La madre acudió de nuevo a Di Jun y le contó lo que había sucedido. Cuando Di Jun llegó al árbol de moras, la carroza ya estaba en el cielo. Las nubes se secaban cuando la carroza se les acercaba y había tantos incendios ardiendo en la Tierra que el humo oscurecía el cielo, como si fuera de noche.

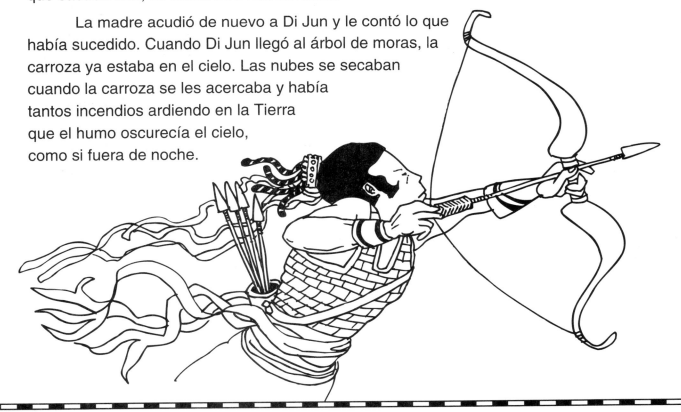

La gente acudió al emperador para pedirle ayuda. "Si no detienes a los diez soles," le dijeron, "no quedará nadie para que gobiernes."

El emperador convocó una junta de consejo. Hablaron del problema hasta que los soles estaban directamente encima del palacio. El oro de las paredes empezó a derretirse. El emperador se dio cuenta que ya no quedaba tiempo para hablar. Envió a los consejeros a sus casas y llamó al arquero real.

El arquero era un gigante y podía disparar una flecha a tal altura que nunca regresaba a la Tierra.

"Debes dispararles a los diez soles antes de que se muera la Tierra," dijo el emperador.

El arquero llenó una aljaba con diez flechas y seleccionó un enorme arco dorado. Subió a la cima de una montaña y, al ver que la carroza de los diez soles se acercaba, preparó el arco. Apuntó las primeras nueve flechas cuidadosamente y cada una dio en el blanco. Los soles, heridos, cayeron de la carroza en forma de aves. Sus plumas doradas flotaron en el aire.

Quedaba solamente un sol en la carroza. El arquero ponía la última flecha en el arco cuando sintió que alguien le jalaba el brazo.

"Espera," le dijo una voz. "No le dispares al último sol en el cielo." El arquero se volvió y vio a la madre de los soles. "Si no hay ningún sol en el cielo, será peor que si hubieran muchos soles. Sin la luz del sol, las plantas no podrán crecer. No habrá nada para comer. Salva al último de mis hijos."

El arquero asintió con la cabeza y le entregó la última flecha a la madre de los soles.

Desde entonces, hay solamente un sol en el cielo.

 Read & Understand Fiction, Spanish/English • EMC 5310 • © Evan-Moor Corp.

Preguntas acerca de
Los diez soles

1. Describe a los niños sol. Di cómo eran y lo que hacían.

   _____

   _____

   _____

2. Di qué problema surgió cuando los soles se aburrieron.

   _____

   _____

   _____

3. ¿Qué hizo que el emperador actuara rápidamente?

   _____

   _____

   _____

4. ¿Por qué salvó el arquero al último de los soles?

   _____

   _____

   _____

Los diez soles

Escoge el verbo

Los diez niños sol del mito se anidaban, chirriaron y parloteaban. Estos verbos apoyan la descripción que se hace de los niños como "pájaros".

A. Escribe los verbos de la caja de palabras en las líneas que mejor describen lo que hace cada animal.

elefante

_____

_____

_____

_____

león

_____

_____

_____

_____

antílope

_____

_____

_____

_____

mono

_____

_____

_____

_____

Caja de palabras	
se burla	chapotea
pisotea	caza
ruge	cuelga
trompetea	huye
acecha	pasta
columpia	trepa
salta	

B. Describe un fenómeno natural (como el relámpago, la lluvia, el viento o la noche) y compáralo con uno de los animales. Escoge los verbos que apoyan esa descripción.

_____

_____

_____

_____

Los diez soles

Análisis de personajes

Describe a la madre de los diez soles. ¿La consideras una buena madre? Justifica tu opinión.

_____

_____

_____

_____

_____

Describe al padre, Di Jun. ¿Lo consideras un buen padre? Justifica tu opinión.

_____

_____

_____

_____

_____

The Warrior and the Princess

The Mexican Legend of Ixtaccihuatl and Popocatepetl

In ancient times in the valley of Mexico, there lived a rich and powerful emperor. Colorful murals covered his palace. Jewels and brilliant quetzal feathers covered his crown. The treasure the emperor prized the most was his daughter, Ixtli. Her long dark hair glistened like polished obsidian. Her eyes were a soft brown like the eyes of the deer that wandered in her garden. She was the most beautiful woman in the kingdom. Every young man who saw Ixtli wished to marry her, but no suitors pleased both the emperor and Ixtli.

One day, Prince Popo, a great warrior, traveled from his neighboring kingdom to the valley to search for a wife. He saw Ixtli being carried to the marketplace on a litter. "She is as beautiful as people say," thought the prince. "But beauty alone is not enough. I can only love someone who has a kind and caring spirit."

Prince Popo disguised himself as a royal gardener so he could be near Ixtli to find out what she was really like. He watched her care for the animals in the garden. Ixtli often sent messengers with clothing and food to the poor people in the valley. Each day, Popo fell more in love with her.

Finally, Popo could wait no longer. He knelt before Ixtli. "Forgive me, princess, I am not a gardener at all. I am Prince Popo from the mountain kingdom. I have worked in your garden to be near you. I have found that you are as kind as you are beautiful. I will love you forever."

Ixtli smiled at the young prince. She had fallen in love with this handsome gardener. She hadn't told anyone. She knew her father would never let her marry a commoner. But a prince! Surely he would agree to their marriage if it would bring her happiness.

Ixtli gave Popo the gold ring from her finger. "You must speak to my father. Show him my ring so he knows I have pledged my love to you."

"Oh, Princess, your love has made me happy. I will go to my kingdom to tell my people of your great beauty. Then I will return to claim your hand."

Ixtli waited for the young prince to visit her father. Day after day, she watched for him. Months passed. Ixtli grew thin and pale. She worried about the prince. Had he been injured? Was he ill?

One afternoon as she sat by a window, one of her attendants ran into her room. "Prince Popo is here! He has come with a chest of treasures."

Ixtli ran to the visitor's room. "I thought you would never return," she said.

"I come from a poor mountain kingdom," answered the prince. "I could not return until I had treasures worthy of you. I have come today to ask your father to allow me to marry you."

"I will not hear of it!" stormed the emperor. "You are a prince of nothing. The one who marries my daughter must be worthy to rule my kingdom." Ixtli ran sobbing from the room.

Months passed. Ixtli pleaded with her father. Finally, seeing how unhappy his daughter was, he sent for the young prince.

"My daughter's happiness is important to me. I am willing to reconsider my decision if only to see her smile again. But first you must show me you are worthy of my daughter before I allow you to marry her," said the emperor. "You will be my messenger to all the kingdoms that surround our valley."

One day, when Popo was carrying messages to a nearby kingdom, he saw soldiers marching toward the valley. He ran two days through the forests and mountains to warn the emperor. The emperor's troops hadn't fought battles for many years. Popo knew they would need a strong leader.

"I will command your soldiers," Popo told the emperor. "I have led my people against these same armies and defeated them."

"You have proven yourself a worthy messenger," the emperor said. "If you are a victorious warrior as well, you shall marry my daughter."

Popo and the emperor's soldiers fought the invaders for more than a year. When a messenger falsely reported that Popo had been killed, Ixtli died of grief.

The same day she died, Popo and his army of warriors returned. He bowed before the emperor. "There were many enemies, but we have won each battle. I will train every man in this kingdom so you will never be defeated."

The emperor, saddened by the death of Ixtli, placed his crown on Popo's head. "You have earned the kingdom, my son."

"I will accept the throne if I may marry Ixtli," said Popo.

The emperor led Popo to Ixtli's room. "She died this very day, thinking that you would never return."

Popo turned away from the emperor and picked up Ixtli. He carried her to the hills overlooking the valley. Holding a torch, he watched over her, hoping she would return to life. The snows came and covered the princess. Still Popo wouldn't leave her.

Today, you can still see Popo and Ixtli on the hills overlooking the Valley of Mexico. The gods changed Ixtli into a snow-covered mountain called The Sleeping Woman. Popo, the brave and loyal warrior, became the smoking volcano that guards the mountain.

Ixtaccihuatl, meaning "The Sleeping Woman," is guarded by Popocatepetl, "The Smoking Mountain."

Questions About
The Warrior and the Princess

1. Why was Ixtli unmarried?

   _____

   _____

2. Why did Popo pretend to be a gardener?

   _____

3. What did the prince find out about Ixtli while he was posing as a gardener?

   _____

   _____

4. Why did Popo wait so long to ask the emperor if he could marry Ixtli?

   _____

   _____

5. Why did the emperor refuse to allow Prince Popo to marry his daughter?

   _____

   _____

6. How could you tell that Ixtli truly loved Prince Popo?

   _____

   _____

7. Legends often explain the reason for the existence of something in the natural world. What does this legend explain?

   _____

   _____

Name _____

The Warrior and the Princess
Word Meaning

Fill in the blanks in the sentences using these words.

ancient   obsidian   quetzal   glistened   disguised   commoner

1. The black, glasslike _____ glistened in the sunlight.

2. The _____ story about the princess and the warrior takes place in Mexico.

3. The king's golden headpiece _____ in the sunlight.

4. It is not often that a member of the royal family marries a

   _____.

5. The beautiful green feathers of the _____ bird were prized decorations.

6. Popo _____ himself as a royal gardener.

■ ■

Adjectives That Describe People

Read the list of words below that might be used to describe the personality and actions of the main characters in the story. Write each word beside the character or characters it describes. You may use a word more than once. Use a dictionary if you are unsure about a word's meaning.

beautiful   kind   brave   gentle   angry   caring   rich
despondent   strong   powerful   loyal   worthy   grieving

Emperor _____

Princess Ixtli _____

Prince Popo _____

Read & Understand Fiction, Spanish/English • EMC 5310 • © Evan-Moor Corp.

Name _____

The Warrior and the Princess
Vocabulary

Use these words from the story to complete the crossword puzzle.

murals	torch
brilliant	worthy
defeated	legend
warrior	valley
grief	Popo
Ixtli	search
suitors	
pledged	
victorious	
injured	
attendants	
permission	
commoner	
emperor	

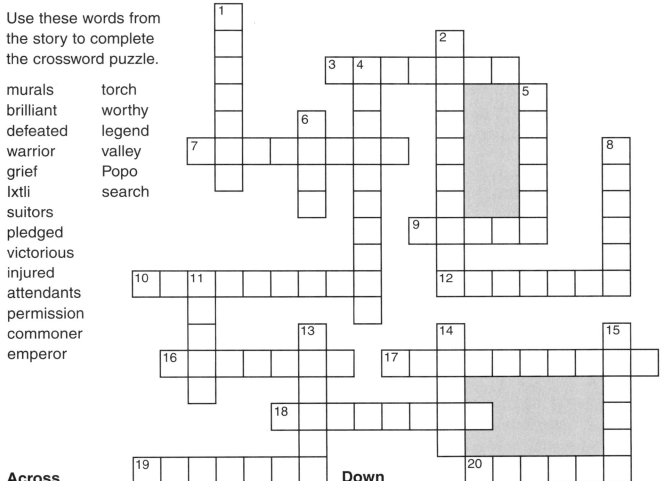

Across

3. a soldier
7. a person without the title of a noble
9. a carried, flaming stick
10. shining
12. men who give attention to women hoping they will agree to marriage
16. vowed, promised
17. approval to do something
18. overthrown; on the losing side
19. wounded or hurt
20. a lower, bowl-like area surrounded by hills or mountains

Down

1. a ruler over a vast area
2. having won a war or a contest
4. people who serve the royal family
5. to look for
6. the prince who became the volcano
8. large paintings on walls
11. the princess who became The Sleeping Woman mountain
13. a story that is told for a long period of time to explain something that happened
14. great sadness
15. deserving

El guerrero y la princesa

La leyenda mexicana de Popocatépetl e Ixtaccíhuatl

En tiempos antiguos en el valle de México, vivía un emperador rico y poderoso. Murales coloridos cubrían su palacio. Joyas y plumas brillantes de quetzal cubrían su corona. A pesar de todas sus riquezas, su tesoro más preciado era su hija, Ixtli. Su cabello largo y oscuro brillaba como obsidiana pulida. Sus ojos eran de un café claro como los ojos de los venados que paseaban en su jardín. Ixtli era la mujer más hermosa del reino. Cada joven que la miraba quería casarse con ella, pero ningún ni al emperador ni a Ixtli.

Un día el Príncipe Popo, un gran guerrero, viajó desde un reino vecino al valle en busca de una esposa. Vio a Ixtli cuando la llevaban al mercado en una litera. "Es tan hermosa como dice la gente," pensó el príncipe. "Pero solamente la belleza no es suficiente. Sólo puedo amar a alguien que tenga un espíritu noble y bueno."

El Príncipe Popo se disfrazó de jardinero real para poder estar cerca de Ixtli y averiguar cómo era ella realmente. La observó cuidar a los animales en el jardín. Con frecuencia ella mandaba mensajeros con ropa y alimentos para la gente pobre del valle. Cada día Popo se enamoraba más de ella.

Finalmente Popo no pudo esperar más. Se arrodilló frente a Ixtli. "Perdóname, princesa, yo no soy un jardinero. Soy el Príncipe Popo del reino de la montaña. He estado trabajando en tu jardín para estar cerca de ti. Me di cuenta que eres tan noble como hermosa. Siempre te amaré."

Ixtli le sonrió al joven príncipe. Ella también se había enamorado del guapo jardinero. No se lo había dicho a nadie porque sabía que su padre nunca le permitiría casarse con un hombre ordinario. ¡Pero era un príncipe! De seguro su padre estaría de acuerdo con el matrimonio si eso le traería la felicidad a su hija.

Read & Understand Fiction, Spanish/English • EMC 5310 • © Evan-Moor Corp.

Ixtli le dio a Popo el anillo de oro que ella tenía puesto en su dedo. "Debes hablar con mi padre. Muéstrale mi anillo para que él sepa que te he jurado mi amor."

"¡Oh, princesa! Tu amor me ha hecho feliz. Iré a mi reino a decirle a mi pueblo de tu gran belleza. Entonces regresaré para pedir tu mano."

Ixtli esperó a que el joven príncipe visitara a su padre. Día tras día ella esperaba verlo. Pasaron meses. Ixtli adelgazó y se puso pálida. Estaba preocupada por el príncipe. ¿Estaría lastimado? ¿Estaría enfermo?

Una tarde, mientras ella miraba por la ventana, una de sus ayudantes corrió a su cuarto. "¡El príncipe Popo está aquí! Ha venido con un cofre lleno de tesoros."

Ixtli corrió al salón de invitados. "Pensé que nunca regresarías," le dijo ella.

"Soy de un reino pobre de la montaña," contestó el príncipe. "No podía regresar hasta que tuviera tesoros dignos de ti. He venido hoy a pedirle a tu padre que me deje casarme contigo."

"¡No quiero escuchar nada de eso!" rugió el emperador. "Eres un príncipe de nada. Aquel que se case con mi hija debe ser digno de gobernar mi reino." Ixtli corrió llorando a su cuarto.

Pasaron meses. Ixtli le rogó a su padre. Finalmente, viendo lo infeliz que era su hija, mandó llamar al joven príncipe.

"La felicidad de mi hija es importante para mí. Estoy dispuesto a reconsiderar mi decisión con tal de verla sonreír de nuevo. Pero primero debes mostrarme que eres digno de mi hija antes de que te permita casarte con ella," dijo el emperador. "Tú llevarás mis mensajes a todos los reinos que rodean el valle."

Un día cuando Popo llevaba mensajes a un reino cercano, vio a unos soldados marchando rumbo al valle. Corrió dos días a través de bosques y montañas para advertirle al emperador. Hacía muchos años que las tropas del emperador no habían librado una batalla. Popo sabía que necesitarían un líder fuerte.

"Yo dirigiré a sus soldados," Popo le dijo al emperador. "Yo ya he guiado a mi gente contra este mismo ejército y los hemos vencido."

"Me has demostrado que eres un mensajero muy valioso," le dijo el emperador. "Si eres un guerrero victorioso también, te casarás con mi hija."

Popo y los soldados del emperador pelearon contra los invasores durante más de un año. Cuando un mensajero reportó falsamente que Popo había muerto en la batalla, Ixtli murió de dolor.

El mismo día que ella murió, Popo regresó con su ejército de guerreros. Saludó al emperador con una caravana. "Eran muchos enemigos, pero hemos ganado cada batalla. Entrenaré a cada hombre de este reino para que nunca sea usted vencido."

El emperador, entristecido por la muerte de Ixtli, puso su corona en la cabeza de Popo. "Te has ganado mi reino, hijo mío."

"Acepto el trono si puedo casarme con Ixtli," dijo Popo.

El emperador llevó a Popo a la recámara de Ixtli. "Ella murió este mismo día, pensando que nunca regresarías."

Popo se alejó del emperador y tomó a Ixtli en sus brazos. La cargó hasta las montañas que se elevaban en el valle. Con una antorcha se sentó a cuidarla, esperando que reviviera. La nieve llegó y cubrió el cuerpo de la princesa. Aún así, Popo no la quiso dejar.

Hoy en día aún se puede ver a Popo y a Ixtli en las montañas que se elevan en el valle de México. Los dioses transformaron a Ixtli en una montaña cubierta de nieve llamada La Mujer Dormida. Popo, el guerrero valiente y leal, se convirtió en un volcán humeante que protege a la montaña.

Ixtaccíhuatl, que significa "la mujer dormida", es cuidada por Popocatépetl, "la montaña humeante".

Preguntas acerca de *El guerrero y la princesa*

1. ¿Por qué no se había casado Ixtli?

   _____

   _____

2. ¿Por qué se hizo pasar Popo por un jardinero?

   _____

3. ¿Qué averiguó el príncipe sobre Ixtli mientras se hacía pasar por un jardinero?

   _____

   _____

4. ¿Por qué Popo esperó tanto tiempo para pedirle al emperador la mano de su hija?

   _____

   _____

5. ¿Por qué se negó el emperador a dejar que el Príncipe Popo se casara con su hija?

   _____

   _____

6. ¿Cómo sabes que Ixtli realmente amaba al Príncipe Popo?

   _____

   _____

7. Las leyendas frecuentemente explican la razón de algún fenómeno del mundo natural. ¿Qué fenómeno explica esta leyenda?

   _____

   _____

Nombre _____

El guerrero y la princesa
Significado de palabras

Completa las oraciones escribiendo en los espacios las palabras que aparecen a continuación.

antiguo   obsidiana   quetzal   brillaba   disfrazó   ordinaria

1. La _____ negra reflejaba la luz del sol como si fuera un cristal que brillaba en la noche.

2. La historia acerca de la princesa y el guerrero tiene lugar en el México _____.

3. La corona del rey _____ a la luz del sol.

4. No sucede con frecuencia que un miembro de la familia real se casa con una persona _____.

5. Las hermosas plumas del _____ eran decoraciones de mucho valor.

6. Popo se _____ de jardinero para que la princesa no supiera quien era.

Adjetivos que describen a las personas

Lee esta lista de palabras que se podrían usar para describir los personajes principales de la historia. Escribe cada palabra junto al nombre del personaje o personajes que describe. Puedes usar una palabra más de una vez. Si no estás seguro del significado de una palabra, búscala en un diccionario.

hermoso/hermosa   desconsolado/desconsolada   noble
fuerte   poderoso/poderosa   valiente
gentil   enojado/enojada   leal
digno/digna   compasivo/compasiva   triste
rico/rica

El emperador _____

La princesa Ixtli _____

El príncipe Popo _____

Read & Understand Fiction, Spanish/English • EMC 5310 • © Evan-Moor Corp.

Nombre _____

El guerrero y la princesa

Vocabulario

Usa las siguientes palabras de la historia para completar el crucigrama.

murales	brillante	vencido	guerrero	pena	Ixtli	pretendientes
promesa	victorioso	herido	sirvientes	permiso	Popor	
antorcha	digno	leyenda	encontrar	valle	emperado	

Horizontal

1. hombres que le dan atención a la mujer esperando que ella acepte matrimonio
2. palabra que debe cumplirse
3. área baja rodeada de montañas
6. personas que le sirven a una familia real
8. que ha ganado una batalla o un concurso
9. gran tristeza
13. soldado
14. princesa que se convirtió en la montaña de La Mujer Dormida
16. merecedor
17. resplandeciente
18. pinturas grandes en paredes

Vertical

1. aprobación para hacer algo
4. palo con fuego
5. quien gobierna una gran extensión de tierra
7. hallar
10. príncipe que se convirtió en volcán
11. que ha perdido
12. lastimado
15. historia que se cuenta desde hace mucho tiempo para explicar algo que sucedió

Answer Key

Abuelita
English
Page 7
1. The dog jerked back and growled because he had a toothache, and Abuelita inadvertently hurt him.
2. We know the story is set in the Gulf of Mexico because Abuelita stares across the gulf toward her homeland. We also know that this is not an extremely rural area because the two houses are very close together.
3. Abuelita was afraid of speaking with Mrs. Bass because she was ashamed of her English.
4. Mrs. Bass is deeply fond of General and depends on him for companionship. She was fearful that he had a grave illness and was extremely relieved to learn that he might have only a toothache.
5. David's grandmother is lonely and shy, afraid to speak English. She is also very kind and wants to make friends.
6. When Mrs. Bass thanked Abuelita for finding out what was wrong with General, Abuelita spoke to Mrs. Bass in English, saying, "You are welcome."
7. Many students will predict that Mrs. Bass will take General to the vet and that she and Abuelita will become friends. Many will also predict that Abuelita will overcome her shyness and fear of speaking English and will make other friends. Accept any well-reasoned response.

Page 8
A. 1. f the dog/General
   2. c Mrs. Bass
   3. i the dog/General
   4. g seashells
   5. b the dog/General
   6. h Mrs. Bass
   7. a screen door
   8. d Abuelita
   9. e waves
B. 1. Creo que sí
   2. Gracias
   3. De nada

Page 9
1. Texas, Louisiana, Mississippi, Alabama, Florida
2. Texas
3. north
4. Galveston, Biloxi, Pensacola
5. Florida
6. Mississippi River, Rio Grande

Abuelita
Spanish
Page 12
1. El perro se retiró bruscamente y gruñó porque le dolía un diente.
2. Sabemos que la historia tiene lugar en el Golfo de México porque Abuelita contemplaba el Golfo. Sabemos también que el área en donde vivien no es muy rural porque las dos casas están a poca distancia la una de la otra.
3. Abuelita tiene miedo de hablar con la Señora Bass porque tiene vergüenza de hablar inglés.
4. La Señora Bass quiere mucho a General y depende de él por su compañía. Temía que estuviera muy enfermo y estaba aliviada al saber que lo más probable era que le dolía un diente.
5. La abuela de David se siente sola y es muy reservada; tiene miedo de hablar inglés. Además, es muy bondados y quiere hacer amistades.

6. Podrían llegar a ser amigas, porque están tratando de comunicarse usando sus dos idiomas.
7. Muchos estudiantes dirán que la Señora Bass llevará a General al veterinario y que ella y Abuelita serán amigas. Muchos dirán también que Abuelita vencerá su timidez y miedo de hablar inglés y tendrá otras amistades. Acepte cualquier respuesta que tenga sentido de acuerdo a la historia.

Page 13
A. 1. f el perro/General
   2. c la Señora Bass
   3. i el perro/General
   4. g las conchas
   5. b el perro/General
   6. h la Señora Bass
   7. a la puerta
   8. d Abuelita
   9. e las olas
B. 1. I think so
   2. Thank you
   3. You are welcome

Page 14
1. Texas, Louisiana, Mississippi, Alabama, Florida
2. Texas
3. al norte
4. Galveston, Biloxi, Pensacola
5. Florida
6. Mississippi River, Rio Grande

A Letter from the President
English
Page 17
1. The president wrote a letter to apologize and send money to Japanese Americans who were forced to go to detention camps during World War II.
2. They were sent to detention camps. Americans thought the Japanese Americans would be loyal to Japan. They were afraid the Japanese Americans might spy on or work against the United States.
3. It was land guarded by soldiers and surrounded with barbed wire. The family lived in one room. There was a dining room for everyone and a building for showers.
4. People moved to the farm while the family was in the detention camp. They had legal papers made up that said the farm was theirs.
5. He wants to save it for Sam's education. He said that everything except what you learn could be taken away from you. He wants Sam to have something valuable that he can always use.

Page 18
Across
3. government
4. injustices
7. Hawaii
8. prisoner
10. interned
11. fund
Down
1. barbed wire
2. serious
5. Japanese
6. reparation
9. realized

Page 19
Hawaii
California
discriminated
illegal
immigrants
citizens
law
internment
detention

A Letter from the President
Spanish
Page 22
1. El presidente había escrito una carta para pedirles perdón y enviarles dinero a los japoneses-americanos que tuvieron que ir a vivir a los campamentos de detención durante la Segunda Guerra Mundial.

2. Los americanos creían que los japoneses-americanos apoyarían a Japón. Tenían miedo de que ellos pudieran espiar o colaborar en otra forma contra los Estados Unidos.
3. Era un terreno patrullado por soldados y rodeado por alambre de púas. Cada familia tenía una habitación y había un edificio para bañarse.
4. Otras personas ocuparon la granja mientras la familia estuvo en el campamento de detención. Tenían papeles que decían que la granja les pertenecía.
5. Quiere ponerlo en un fondo para los gastos de la universidad de Sam. Dijo que nadie podría quitarle lo que aprende.

Page 23
Horizontal
2. confinado
4. alambre de púas
5. injusticias
8. prisionero
9. serio
10. fondo
Vertical
1. entendió
2. compensación
3. Hawaii
6. japoneses
7. gobierno

Page 24
California
discriminaban
ilegal
inmigrantes
ciudadanos
ley
confinamiento
detención

V-Mail and Cardboard Shoes
English
Page 29
1. Clark and Daniel found the box in the attic of their grandfather's house. In the box were a V-letter and a pair of shoes Grandpa had owned as a child.
2. Grandpa hid the box in the attic in 1945 because he was angry that he had outgrown his leather shoes and had to give them to his younger brother. To make matters worse, he was expected to wear a pair of shoes he didn't like.
3. Clark had outgrown a pair of his favorite shoes and was unhappy about it. Grandpa wanted Clark to know that the same thing had happened to him when he was a child. Some students may point out that Grandpa wanted Clark to feel better about his situation.
4. Students will probably point out that there was no television. The family gathered around to listen to the radio. Favorite shows were mysteries, news reports, and comedies. On Saturday nights, the family went to another family's house to play dominoes. While adults played inside, the children played outside.
5. World War II was happening. Most of the country's resources were being used to produce what the soldiers needed to fight the war.
6. Students should infer that Grandpa felt guilty about what he had done. Clues include his comment, "It was pure meanness," and the author's description of him shaking his head as he talked to his grandsons about it.

Page 30
A. Possible answers include:
   1. huge, large, enormous, gigantic, mammoth, massive, gargantuan, giant, elephantine, vast, colossal
   2. tiny, small, wee, miniscule, petite, minute, undersized, teeny, teensy, itty-bitty

B. 1. comedian
2. dominoes
3. wedged
4. astounded
5. mused

Page 31
Answers will vary.

V-Mail and Cardboard Shoes
Spanish

Page 36
1. Encontraron la caja en el desván de la casa de su abuelo. En la caja había una carta de correo de la victoria y un par de zapatos que tenía Abuelo cuando era niño.
2. Abuelo escondió la caja en el desván en 1945 porque estaba enojado porque sus zapatos de cuero le quedaban chicos y tenía que dárselos a su hermano menor. Además, se veía forzado a ponerse zapatos que no le gustaban.
3. A Clark le quedaban chicos sus zapatos favoritos y no estaba contento. Abuelo quería que Clark supiera que de niño él había tenido la misma experiencia. Puede que algunos estudiantes mencionen que Abuelo quería que Clark se sintiera mejor con respecto a lo que le pasaba.
4. Los estudiantes podrán mencionar que no existía la televisión. Las familias se reunían alrededor de la radio. Los programas favoritas eran cuentos de misterio, noticias y comedias. Los sábados por la noche las familias visitaban a otras familias para jugar dominó. Mientras los adultos jugaban dentro de la casa, los niños jugaban afuera.
5. Era la época de la Segunda Guerra Mundial. La mayor parte de los recursos del país se dedicaba a producir lo que necesitaban los soldados para la guerra.
6. Los estudiantes deben inferir que Abuelo se sentía culpable por lo que había hecho. Las pistas incluyen su comentario, "Fue por pura malicia", y la descripción del abuelo que sacudía la cabeza lentamente mientras les hablaba a sus nietos del suceso.

Page 37
A. Respuestas posibles incluyen:
1. muy grandes, grandísimos, enormes, gigantes, gigantescos, largos, larguísimos
2. pequeñas, chicas, pequeñitas, pequeñísimas, chiquitas, miniaturas
B. 1. comediante
2. dominó
3. atrapada
4. sorprendió
5. musitó

Page 38
Las respuestas pueden variar.

Journey to America
English

Page 41
1. The potato crop had failed, and life in Ireland was difficult. She thought they would have a better life in Boston with their uncle.
2. There were rats that tried to eat the food. Passengers had to take all their food for the voyage with them. People were seasick, and some had the fever. Some people died. The air was bad. The beds were boards stacked like shelves in a cupboard. People were crowded together.
3. He had disappeared.

4. Nicholas was a kind and generous person. He paid James's bill and arranged for his belongings to be sent to him to keep them safe. He took in the children and made them feel welcome.
5. Paul would help with the horses and work in the garden. Bridget would clean.
6. Answers will vary.

Page 42
A. 1. immigrants
2. immigrate
3. immigrant
4. immigration
B. 1. official
2. due
3. passengers, voyage
4. passage
5. belongings, provisions, deck
6. dock

Page 43
Answers will vary.

Journey to America
Spanish

Page 47
1. La cosecha de papas se había echado a perder y la vida en Irlanda era difícil. Creía que tendrían una vida mejor con su tío en Boston.
2. Había ratas que trataban de comer su comida. Los pasajeros tenían que llevar a bordo toda su comida para el viaje. La gente se mareaba y algunas personas se enfermaban de fiebre. Algunas murieron. El aire olía mal. Las camas eran tablas amontonadas como repisas de una alacena. La gente se amontonaba.
3. Había desaparecido.
4. Nicholas era un hombre bondadoso y generoso. Pagó la cuenta de James e hizo los arreglos necesarios para hacer que le llegaran las pertenencias de James. Recogió a los niños y les hizo sentir aceptados en la familia.
5. Paul iba a ayudar con el jardín y los caballos. Bridget iba a hacer la limpieza.
6. Las respuestas pueden variar.

Page 48
A. 1. inmigrantes
2. inmigrar
3. inmigrante
4. inmigración
B. 1. oficial
2. debía
3. pasajeros, viaje
4. pasaje
5. pertenencias, provisiones
6. muelle

Page 49
Las respuestas pueden variar.

Freedom Berries
English

Page 53
1. He was a slave-catcher looking for runaways. Quakers often hid runaways.
2. If the runaway slaves came to his house, they could be caught and returned.
3. She cried and stood between the men and the wagon.
4. They all drove wagons to town to confuse the slave-catchers.
5. He used the words that were a code—"This is the road."
6. Answers will vary. Possible answers: Rebecca knew what Jebediah was doing. The Friends worked together to help the slaves. They were a part of the Underground Railroad. Jebediah had a cart with a hidden compartment.

Page 54

Across	Down
2. search	1. berries
4. brim	3. compartment
5. Quakers	6. runaways
9. freedom	7. friend
11. secret	8. slaves
12. sundown	10. mare

Page 55
Answers will vary.

Freedom Berries
Spanish

Page 59
1. Era un buscador de esclavos en busca de esclavos escapados. Los cuáqueros escondían a menudo a los esclavos escapados.
2. Si los esclavos escapados llegaran a su casa, pudieran ser atrapados y devueltos a sus dueños.
3. Lloró y se paró entre los hombres y la carreta.
4. Manejaron carretas al pueblo para confundir a los buscadores de esclavos.
5. Usó palabras que eran un mensaje secreto—"Ésta es la carretera."
6. Las respuestas pueden variar. Posibles respuestas: Rebecca entendía lo que Jebediah estaba haciendo. Los Amigos cooperaban entre ellos para ayudar a los esclavos. Eran parte de "la línea férrea subterránea" (Underground Railroad, movimiento clandestino para ayudar a los esclavos a escapar y llegar a zonas libres o al Canadá). Jebediah tenía una carreta con un compartimento escondido.

Page 60

Horizontal	Vertical
2. cuáqueros	1. fugitivos
3. ala	2. compartimento
4. registrar	3. atardecer
6. esclavos	5. yegua
7. baya	8. Amigo
9. libertad	
10. secreto	

Page 61
Las respuestas pueden variar.

The Yellow Stars
English

Page 64
A. **Grandma**—moved to America from France, has a grandchild, still thinks of Leah
Leah—Jewish, taken to concentration camp, brown hair, big brown eyes
Narrator—sensitive, concerned, intuitive
B. No, no one knows the answer to her questions. She was simply expressing herself.

Page 65

A.		B.
1. b	4. a	4
2. b	5. b	6
3. a	6. a	2
		5
		1
		3

Page 66
Answers will vary.

The Yellow Stars
Spanish

Page 69

A. Abuela—inmigró de Francia a los Estados Unidos, tiene una nieta, aún piensa en Leah
Leah—judía, llevada a un campo de concentración, tenía el pelo café grueso y enormes ojos cafés
Narrador—sensitiva, preocupada, intuitiva

B. No, nadie tiene las respuestas a sus preguntas. Simplemente pensaba en voz alta.

Page 70

A.		**B.** 6
1. b	4. a	3
2. b	5. b	2
3. a	6. a	5
		4
		1

Page 71
Las respuestas pueden variar.

Melting Pot
English

Page 74

1. Tom was unhappy because he didn't know anything about his family background. He was adopted and did not know his biological parents.
2. Tom probably wanted to know about his own heritage because he was fascinated with the stories Mrs. Grill told about other Americans and their ancestors. He wanted to be able to share his heritage with the class.
3. Carlos knew about his heritage because, although he did not live with his parents, he did know who they were and had contact with them.
4. Those students in Mrs. Grill's class who didn't know about their backgrounds could bring something that symbolized a culture they admired to add to the class's melting pot.
5. The United States is sometimes called a "melting pot" because people from so many countries and cultures live there.
6. Tom said he was a melting pot because he had learned that he is made up of all the nice people he runs into each day.

Page 75

A. 1. Biological parents are a person's birth parents.
   2. Adoptive parents are the parents who adopt a person.
   3. Tom's *out* refers to a way for Tom to deal with the fact that he does not know anything about his ancestors.
   4. *Out of the picture* means "to not be a part of."
   5. *The last addition* refers to the frog in the story.

B. 1. imported
   2. cultures
   3. ancestors
   4. enthusiasm

Page 76
Answers will vary.

Melting Pot
Spanish

Page 79

1. Tom no estaba contento porque no sabía nada acerca de sus antepasados. Era hijo adoptivo y no conocía a sus padres biológicos.
2. Es probable que Tom quisiera saber de sus antepasados porque le fascinaban las historias de la Señora Grill acerca de otros americanos y sus propios antepasados. Quería poder compartir la historia de su familia con la clase.
3. Carlos sabía quiénes eran sus padres porque, aunque no vivía con sus padres biológicos, los conocía y tenía contacto con ellos.
4. Los estudiantes de la clase de la Señora Grill que no tenían información sobre su origen podían llevar a la clase un objeto que simbolizara una cultura que admiraban, para agregárselo al crisol de culturas de la clase.
5. A los Estados Unidos a veces se le llama un "crisol de culturas" porque ahí vive gente de muchos países y muchas culturas.
6. Tom dijo que él mismo era un crisol de culturas porque había aprendido que estaba hecho de toda la gente amable que ve cada día.

Page 80

A. 1. Los *padres biológicos* de una persona son los padres que engendraron y dieron a luz a esta persona.
   2. Los *padres adoptivos* son los padres que adoptan a un niño o una niña.
   3. *Una salida para Tom* es una manera en la que Tom enfrenta al hecho de que no sabe nada acerca de sus antepasados y busca otra explicación de su origen cultural.
   4. *Fuera de su vida* significa "no tener nada que ver con la vida de alguien."
   5. *La última adición* se refiere a la rana que Kevin le regaló a Tom.

B. 1. importada
   2. culturas
   3. antepasados
   4. entusiasmo

Page 81
Las respuestas pueden variar.

Cheng Wan's Visitor
English

Page 85

1. Danny was probably nervous when he first arrived in Chinatown because everything was new to him and he was only a ten-year-old boy who would be spending the day with a stranger, without his father.
2. At 4:15, Danny and Cheng could be found at the Chinatown Neighborhood Center.
3. It can be assumed that Cheng's family eats a lot of seafood because it is sold at many of the markets mentioned in the story, and Cheng and Danny enjoyed seafood as part of both lunch and dinner that day.
4. Danny and Cheng seemed to enjoy their day together. At several points in the story, the reader is told they smiled or laughed. At the end of the story, each child expresses a desire to visit the other again sometime. Danny's curiosity and Cheng's eagerness to share his city's art, history, and culture could also be offered as proof the boys enjoyed their day.
5. During his day in Chinatown, Danny learned some of the history of Chinatown. He learned about styles of oriental art. He learned how fortune cookies were made. He learned that some businesses operate in open-air markets. He learned the names of some Chinese food items. He learned that the Chinese are no different from people of any other culture in that they like to laugh, have fun, and even play bingo.

6. Cheng probably wants to visit Montana because spending a day showing off his own town has likely made him wonder how other towns might differ. Cheng enjoyed being Danny's tour guide so much that he wants Danny to have a turn being the tour guide in his own town.

Page 86

Across	Down
2. economy	1. famine
4. immigrants	3. conduct
7. intricate	4. impressed
10. fortune	5. dia fau
12. laborers	6. gilded
	8. curiosity
	9. herbal
	11. peasant

Page 87
Answers will vary.

Cheng Wan's Visitor
Spanish

Page 91

1. Es probable que Danny estuvo nervioso al llegar al barrio chino porque todo le parecía extraño y era un niño de sólo diez años que iba a pasar el día sin su padre y con un desconocido.
2. A las 4:15 Danny y Cheng estaban en el centro comunitario del barrio chino.
3. Es posible inferir que la familia de Cheng come mucho pescado porque se vende en muchos de los mercados que se mencionan en la historia y Cheng y Danny disfrutaron del pescado en su almuerzo y su cena ese día.
4. Danny y Cheng parecían disfrutar el día que pasaron juntos. En varios momentos de la historia, se lee que sonrieron o rieron. Al final de la historia, cada muchacho dice que quiere volver a visitarse. Se notan también la curiosidad de Danny y el entusiasmo de Cheng por compartir el arte, la historia y la cultura de su ciudad.
5. A través de su visita al barrio chino, Danny aprendió acerca de la historia del barrio. Aprendió acerca de estilos de arte oriental. Supo cómo se fabrican galletas de la fortuna. Aprendió cómo funciona un mercado al aire libre. Aprendió los nombres de algunos platillos chinos. Aprendió que los chinos se parecen a personas de otras culturas porque les gustan reírse, divertirse y hasta jugar Bingo.
6. Es probable que Cheng desee visitar Montana porque después de haber pasado todo un día como guía turístico en su propia ciudad le hizo pensar en las maneras en que otras ciudades y pueblos pueden ser diferentes de la suya. Chen disfrutó tanto de ser el guía turístico de Danny que quiere que Danny tenga el mismo tipo de experiencia en su propio pueblo.

Page 92

Horizontal	Vertical
7. campesino	1. barrio
10. dorada	2. manejar
11. trabajadores	3. impresionar
12. dia fau	4. complejo
	5. economía
	6. inmigrantes
	7. curiosidad
	8. fortuna
	9. hambre

Page 93
Las respuestas pueden variar.

Runner Up
English
Page 97
1. Answers may vary. Possible answers are: He was jealous. He didn't like the way Jordan always made comments about why he didn't win.
2. He ran fast from the start and didn't have enough energy at the end to surge ahead. Jordan ran faster at the end of the race.
3. Grandpa Morgan was coming to see the race, and Zach had told his grandfather that he was the best runner on the team.
4. Competing against yourself and trying to better your record each time you ran.
5. No matter how good (fast) you are, there will always be someone better.
6. He realized that Zach was placing too much importance on trying to be the best runner; that Zach thought his grandfather wouldn't care as much about him if he wasn't a good runner. Grandpa wanted Zach to know that running wasn't everything and that he loved Zach, no matter what.

Page 98
A. 6, 4, 7, 2, 1, 3, 8, 5
B. Answers will vary.

Page 99
Answers will vary.

Runner Up
Spanish
Page 103
1. Envidiaba a Jordan porque Jordan siempre ganaba. No le gustaba la forma en la que Jordan siempre le hacía comentarios sobre las razones por las cuales no ganaba.
2. Al comenzar corría muy rápido y no le quedaba suficiente energía al final para pelear la delantera. Jordan corría más rápido hacia al final de la carrera.
3. El abuelo Morgan iba a llegar a ver la carrera y Zach le había dicho que era el mejor corredor del equipo.
4. Lo mejor de correr era competir contra uno mismo y tratar de mejor su propio récord en cada carrera.
5. No importa que tan rápido vuelen los pies, siempre habrá alguien que pueda cruzar la línea antes que uno.
6. Se dio cuenta de que Zach le daba demasiada importancia al tratar de ser el mejor corredor; que Zach pensaba que su abuelo no lo iba a apreciar al igual si no era buen corredor. El abuelo quería que Zach entendiera que las carreras no importaban tanto y que siempre él iba a querer a Zach.

Page 104
A. 6, 1, 7, 8, 2, 4, 3, 5
B. Las respuestas pueden variar.

Page 105
Las respuestas pueden variar.

The Gift
English
Page 109
1. liked talking to her, listening to her stories about the past and Mom; G-G-Ma listens, laughs at Sally's jokes, and gives hugs
2. a cake, dinner, a card, a poem
3. She had everything she needed—clothes, aprons, figurines, knick-knacks, and towels.
4. Because she didn't think she could take care of it, and maybe the kitten would find a home somewhere else.
5. She had a dog and her mother said one pet was enough.
6. She convinced her mother that G-G-Ma should have the kitten. Mother got the supplies needed and planned to take the kitten to the vet.

Page 110
Across	Down
3. appointments	1. remembered
6. supplies	2. figurines
7. kitten	4. special
8. energy	5. forgotten
9. thread	6. spools
10. brightened	

Page 111
Answers will vary.

The Gift
Spanish
Page 115
1. Bela tiene tiempo de escuchar, se ríe de los chistes que cuenta Sally y da abrazos.
2. un pastel, la cena, una tarjeta, un poema
3. Tenía todo lo que necesitaba—ropa, delantales, figuras, adornos y toallas.
4. Porque no creía que pudiera cuidarlo y tal vez el gatito encontraría un hogar.
5. Ya tenía un perro y su madre le había dicho, "Sólo una mascota."
6. Convenció a su madre que Bela debería quedarse con el gatito. Su madre compró todo lo necesario para el gatito y pensaba llevarlo con el veterinario.

Page 116
Horizontal	Vertical
1. recordó	2. citas
4. gatito	3. carretes
7. especial	5. animado
10. adornos	6. olvidado
11. provisiones	8. energía
	9. hilo

Page 117
Las respuestas pueden variar.

Play Ball!
English
Page 121
1. He earned the money weeding and hoeing during spring vacation and bought it from Manuel when the Martinez family moved.
2. The bicycle represented independence— being able to stay after school to play baseball because he didn't have to take the bus home.
3. His parents were farmworkers and had to go where there were crops being planted or harvested.
4. Eduardo was angry and upset because his father was loading the van in preparation for another move.
5. He helped his younger brothers with their homework; he got them ready for bed and off to school; he was concerned that the schoolbooks needed to be returned before the family left; he wanted to explain to his teacher and classmates why he was leaving.
6. He thought about being able to buy a baseball bat and playing ball with his brothers when they were older. He dreamed of playing in the big leagues someday.

Bonus: The title is what the umpire shouts when a baseball game is ready to begin. The exclamation mark signifies something said with emphasis.

Page 122
1. a. bicicleta   b. hijo
2. a. gravel   f. promised
   b. neighbors   g. practiced
   c. Science   h. maybe
   d. homework
   e. league
3. Answers will vary.

Page 123
Answers will vary. Possible answers are listed below.

Helpful
helped his brothers with homework

Hardworking/Independent
earned his own money
worked during vacations

Dependable
wanted books returned to school
helped his parents

Studious
liked science
was catching up with his schoolwork
liked school

Athletic
played on the baseball team
rode a bike

Insecure
didn't like moving and new schools

Hopeful
thought about being a baseball player

Kind
complimented Roberto

Play Ball!
Spanish
Page 127
1. Ahorró suficiente dinero arrancando malezas y arando la tierra con el azadón durante la primavera y se la compró a Manuel Martínez cuando su familia regresó a Texas.
2. La bicicleta representaba su independencia— el poder quedarse en la escuela después de sus clases para jugar béisbol porque ya no tenía que ir a su casa en el autobús.
3. Sus padres eran trabajadores del campo y tenían que seguir el plantío y la cosecha.
4. Eduardo estaba enojado y molesto porque su padre estaba poniendo todas las cosas en el automóvil, preparándose para otra mudanza.
5. Ayudaba a sus dos hermanos más pequeños con sus tareas; acostaba a sus hermanos y los preparaba para irse a la escuela; se preocupaba por devolver sus libros a la escuela; quería explicarles a su maestra y a sus compañeros de clase por qué se iba.
6. Pensaba en poder comprar un bate de béisbol y jugar con sus hermanos cuando fueran más grandes. Soñaba con jugar algún día en las ligas mayores.

Page 128
1. grava   5. liga
2. vecinos   6. prometido
3. ciencia   7. practicaron
4. tarea   8. Quizás

Page 129
Las respuestas pueden variar. Unas posibles respuestas se dan a continuación:

Amable
Les ayudó a sus hermanos con su tarea.

Trabajador/Independiente
Ganó su propio dinero.
Trabajó durante sus vacaciones.

Confiable
Quería devolver sus libros a la escuela.
Ayudaba a sus padres.

Estudioso
Le gustaban las ciencias.
Trataba de ponerse al corriente en sus materias.
Le gustaba la escuela.

Atlético
Jugaba en el equipo de béisbol.
Montaba a bicicleta.

Inseguro
No le gustaba mudarse y cambiar de escuela.

Optimista
Pensaba en llegar a ser jugador de béisbol.

Bondadoso
Le daba cumplidos a Roberto.

Journey North
English

Page 132
1. 1776
2. They had few supplies, they worked very hard, they made everything for themselves, and the journey was too difficult.
3. He is in charge when his father is away. He takes care of the fields and the cattle.
4. Answers will vary. Possible answer: His parents may not have been able to read and write.
5. Yes, de Anza was a good leader. He kept the caravan moving, he cared for the ill, and he gave cheer to the people.
6. organizing a large caravan at the beginning of the day, finding food and water for the animals, dust and alkali in the desert, bitter cold and snow, fording the river, loss of animals, no wood for fires
7. The letter has to go by sailing ship and mule train.

Page 133
A. 4, 6, 3, 2, 1, 5, 10, 8, 7, 9
B. 1. survived   5. bitterly
2. galleon   6. celebrated
3. construction   7. exchanged
4. despondent   8. challenge

Page 134
Sequence of Events: 5, 3, 2, 4, 6, 1
Generalizing:
1. Answers will vary. Possible answer: Few people made the journey by land from New Spain to Alta California because the weather and deserts made traveling difficult and the journey by ship was dangerous, too.
2. There was rich land, they could have farms and ranches, and they could be the first settlers of a new land.

Journey North
Spanish

Page 137
1. 1776
2. Tenían pocas provisiones, el trabajo era muy duro, tenían que producirlo todo con sus propias manos y la travesía era demasiado difícil.
3. Es el responsable de todo cuando su padre está afuera. Cuida los campos y el ganado.
4. Las respuestas pueden variar. Posible respuesta: Puede que sus padres no supieran leer y escribir.
5. Sí, Juan Bautista de Anza era buen líder. Mantenía a la caravana avanzando, cuidaba a los enfermos y animaba a la gente.
6. tener que organizar una larga caravana al amanecer; tener que encontrar comida y agua para los animales; el polvo y el álcali en el desierto, el frío crudo y la nieve; tener que cruzar el río; pérdida de los animales; no tener leña para encender fuego

7. La carta sería enviada por galeón y caravana de mulas.

Page 138
A. 4, 6, 3, 2, 1, 5, 10, 8, 7, 9
B. 1. sobrevivió   5. crudo
2. galeón   6. celebraron
3. construcción   7. intercambiaron
4. desalentados   8. reto

Page 139
Sequencia de eventos: 5, 3, 2, 4, 6, 1
Generalizaciones:
1. Las respuestas pueden variar. Posible respuesta: Poca gente viajaba por tierra de Nueva España a Alta California porque el clima y los desiertos hacían muy difícil la travesía y el viaje en barco también era peligroso.
2. La tierra era muy provechosa, la gente podía tener granjas y ranchos y podía ser los primeros en establecer asentamientos en un territorio nuevo.

The Boy Who Didn't Know Fear
English

Page 142
1. She was afraid of the bear that lived in the forest. She felt fear.
2. He had never felt fear before and he wanted to know what it was.
3. a. the giant
b. riding a flying tree in the sky
c. falling into the water
d. being underground in the cave with the bear
4. He would have to sit and listen to everyone's arguments and try to make everyone happy.
5. He could never do what he wanted to do again. Listening to people argue for 100 years and trying to make everyone happy was an impossible task.

Page 143
A. 1. filled   B. 1. went, came
2. wrong   2. here, there
3. hot   3. sky, earth
4. day   4. under, over
5. fresh   5. ran, walked
      6. started, stopped
      7. new, old
      8. in, out

Page 144
1. in a village in the kingdom of Near and Far
2. forest, berry patch, sea, cave, village, town square
3. summer or fall
4. Berries were ripe.

The Boy Who Didn't Know Fear
Spanish

Page 147
1. Tenía miedo del oso que vivía en el bosque. Sentía miedo.
2. Jamás había sentido miedo y quería saber cómo podría ser.
3. a. el gigante
b. volar por el cielo agarrado de un árbol
c. caerse en el mar
d. estar debajo de la tierra en una cueva con el oso
4. Tendría que quedarse sentado y escuchar los argumentos de todos y tratar de mantener contentos a todos.
5. Jamás iba a poder hacer lo que quería hacer. El escuchar a la gente discutir y argumentar durante 100 años y tratar de mantener contenta a toda la gente serían tareas imposibles.

Page 148
A. 1. lleno   B. 1. fue, vio
2. bajó   2. aquí, allá/ahí/allí
3. calor   3. cielo, tierra
4. día   4. debajo, arriba/encima/sobre
5. nuevas   5. corrió, caminó
      6. regresar, irse/salir
      7. entró, salió
      8. dentro, fuera

Page 149
1. en el Reino de lo Lejano y lo Cercano
2. el bosque, el campo de moras, el mar, una cueva, la ciudad, la plaza central
3. el verano o el otoño
4. Las moras estaban maduras.

Belling the Cat
English

Page 153
1. The previous owners had liked mice and thought they were useful. The new people were selfish, despised mice, and kept a cat.
2. ask the farmer's wife to put their food by the door; move
3. The farmer's wife did not like the mice. They couldn't get away with their possessions and children without being caught by the cat. They might end up in a place that was even more dangerous.
4. The cat interrupted their first meeting.
5. put a bell on the cat so the mice could hear it coming
6. None of them were brave enough to volunteer to bell the cat.
7. Answers will vary.

Page 154
A. 1. volunteer   9. cruel
2. devour   10. replied
3. encounters   11. inner
4. possessions   12. selfish
5. uncontrollably   13. fond
6. despise   14. feline
7. solution   15. stalks
8. sensibly
B. Answers will vary.

Page 155
1. a. fanged   e. horrifying
b. fiendish   f. prowls
c. cruel   g. dangerous, lurks
d. furry   h. Disgusting
2. a. wonderful   b. clever
3. The mice hate and fear the cat because it will kill them. The farmer's wife likes the cat because she regards the mice as pests; the cat is her pet.
4. hardworking, honest
5. selfish, despise mice, can't stand the sight of us
6. terrible

Belling the Cat
Spanish

Page 159
1. A los dueños anteriores les gustaban los ratones; ellos creían que los ratones eran útiles. Los nuevos dueños eran egoístas, despreciaban a los ratones y tenían un gato.
2. pedir que la esposa del granjero les deje la comida en la puerta; mudarse
3. A la mujer del granjero no le gustaban los ratones. Los ratones no podían escaparse con sus pertenencias y sus hijos sin que los agarrara el gato. Podrían llegar a un lugar aún más peligroso.
4. El gato interrumpió su primera junta.
5. ponerle un casabel al gato para que los ratones lo pudieran oír cuando se les acercaba

6. Ningún ratón tenía suficiente valor para ofrecer ponerle el cascabel al gato.
7. Las respuestas pueden variar.

Page 160
A.
1. voluntario
2. devorar
3. reunión
4. pertenencias
5. sensato
6. desprecian
7. solución
8. incontrolablemente
9. cruel
10. replicó
11. interior
12. egoísta
13. querer
14. felino
15. acechar

B. Las respuestas pueden variar.

Page 161
1. a. feroz
   b. desalmado
   c. cruel, traicionera
   d. filosas
   e. horrible
   f. ronde
   g. peligrosa, acecha
   h. ¡Qué asco!
2. a. maravilloso   b. muy listo/listo
3. Los ratones odian al gato y le tienen miedo porque puede matarlos. La esposa del granjero quiere al gato porque cree que los ratones son horribles; el gato es su mascota.
4. trabajadores, honestos
5. egoístas, desprecian a los ratones,
6. horribles

The Day the Yam Talked
English
Page 165
1. The farmer hadn't watered or cared for him.
2. The dog said the farmer was lazy.
3. Hang it back on the tree.
4. The fisherman heard his basket talk, the weaver heard his cloth talk, and the swimmer heard the river talk. They were afraid.
5. Because yams, dogs, vines, rocks, baskets, cloth, and rivers can't talk.
6. Answers will vary.
7. The yam might not have said anything, and the farmer wouldn't have met all the talking objects.

Page 166
1. a. alone
   b. punish
   c. asked
   d. tangled
   e. stool
2. a. explained
   b. vine
   c. hare
   d. yam
   e. bundle
   f. weaver
3. Answers will vary.

Page 167
Personification
1. yam
2. dog
3. vine
4. rock
5. basket
6. cloth
7. river
8. golden stool

Setting
The garden: yam, dog, vine, rock
Along the path: basket, cloth, river
In the village: golden stool

The Day the Yam Talked
Spanish
Page 171
1. El granjero no le había echado agua ni lo había cuidado.
2. El perro dijo que el granjero era algo perezoso.
3. Quería que el granjero la colgara de nuevo en el árbol.
4. El pescador oyó hablar a su red, el tejedor oyó hablar a su bulto de tela, y el hombre que nadaba oyó hablar al río. Tenían miedo.

5. Porque las batatas, los perros, las enredaderas, las piedras, las redes, los bultos de tela y los ríos no pueden hablar.
6. Las respuestas pueden variar.
7. La batata no hubiera dicho nada y el granjero no hubiera conocido a todos los objetos que hablaban.

Page 172
1. a. solo
   b. castigar
   c. preguntó
   d. banquillo
2. a. explicó
   b. enredadera
   c. liebre
   d. batata
   e. bulto
   f. tejedor
   g. enredados
3. Las respuestas pueden variar.

Page 173
Personificación
1. la batata
2. el perro
3. la enredadera
4. la piedra
5. la red
6. el bulto de tela
7. el río
8. el banquillo dorado

Escenario
El jardín: la batata, el perro, la enredadera, la piedra
A lo largo del camino: la red, el bulto de tela, el río
En el pueblo: el banquillo dorado

Out of Space
English
Page 177
1. Their planet was taken over by worms that were eating everything.
2. All the other planets were too crowded.
3. dispose of them in a black hole
4. garden, air swim, work in the science lab, read, watch TV, look out the window, spacewalk
5. The narrator mentions having run out of books to read and not seeing a library in five years. The first thing the narrator asked upon landing on the new planet was directions to the library.
6. Answers will vary. Possible answer: In a park in a city on the planet Earth.
7. They saw the skeletons of creatures similar to themselves. They were being chased by creatures with nets.

Page 178
1. 7, 1, 2, 3, 8, 10, 5, 9, 6, 4
2. deserted
   survive
   rude
   murals
   sped
   populated
   driver

Page 179
1. The Maiasaura looked like Aunt Worima; when they saw a picture of Psittacosaurus displays, the narrator said, "There are others here just like us." Dad said, "That's us."
2. Answers will vary, but three possibilities should be given.
3. Endings will vary, but must include the Worims being captured.

Out of Space
Spanish
Page 183
1. Los gusanos se apoderaron de su planeta y lo comieron todo.
2. Todos los otros planetas estaban demasiado apretados/demasiado poblados.
3. Deben deshacerse de ellos, echándolos en un hoyo negro.

4. Plantaba y cosechaba, nadaba en el aire, trabajaba en el laboratorio, leía, veía televisión, miraba a través de la ventana, daba paseos por el espacio.
5. El narrador mencionó que ya se les habían acabado los libros y que no habían visto una biblioteca en cinco años. La primera pregunta que hizo el narrador después de aterrizar en el nuevo planeta era cómo se podía llegar a la biblioteca.
6. Las respuestas pueden variar. Posible respuesta: En un parque en una ciudad en el planeta que se llamaba la Tierra.
7. Vieron esqueletos de criaturas que se parecían a ellos. Otras criaturas con redes los estaban persiguiendo.

Page 184
1. 7, 1, 2, 3, 8, 10, 5, 9, 6, 4
2. desierto
   sobrevivir
   cortesía
   murales
   acelerar
   conducir

Page 185
1. Los Masiasaura se parecían a la tía Gusita; cuando vieron una pintura de los Psittacosaurus, el narrador dijo, "Hay otros ahí exactamente como nosotros." "Ésos somos nosotros," dijo Papá.
2. Las respuestas pueden variar, pero los estudiantes tienen que dar tres posibilidades.
3. Los nuevos finales de la historia pueden variar, pero deben incluir la captura de los Gusis.

Stormalong
English
Page 189
1. She knitted Stormalong a hammock that stretched from New Bedford, MA, to Newport, RI.
2. He had outgrown all the other boats. His boat would be the biggest ship that ever sailed the ocean.
3. He named the boat *Colossus* because that means "gigantic, enormous."
4. It ran into the tip of South America and broke it into pieces.
5. Throughout his life he was always helpful and considerate of the welfare of "normal" people.
6. Answers will vary: The information should include the storm, rescuing boats and seamen, the storm lets up, and Stormalong's trip to the sky.

Page 190
1. starboard, port
2. hammock
3. steeple
4. halibut
5. strait
6. latter
7. christened
8. former
9. anchored
1. unfurled
2. raged, tremendous
3. immense
4. exquisite

Page 191
Stormalong was a big baby: he outgrew his cradle in a week; he had to sleep in the barn because the house was too small; at two he was taller than the church steeple; his hammock stretched from one state to another.
Stormalong earned money to build his ship: when he carried fish from ships to the shore
Stormalong didn't need a crew: he could do everything a hundred seamen could do and faster.

Stormalong rescued ships and sailors from a Caribbean hurricane: he swam through towering waves; he piled up boats on the deck of the *Colossus;* he swam to land with the anchor in his teeth.

Stormalong
Spanish

Page 195
1. Su mamá le tejió una hamaca que se extendía desde New Bedford, Massachusetts, hasta Newport, Rhode Island.
2. Se le quedaban chicos todos los otros barcos. El suyo sería el barco más grande que navegara en el mar.
3. Bautizó a su barco *Coloso* porque significa "enorme, gigantesco."
4. Chocó contra la punta de Sudamérica y la quebró, formando así islas y extensiones de tierra.
5. Durante toda su vida siempre era amable con la gente "normal" y tomaba en cuenta el bienestar de ella.
6. Los datos deben incluir la tormenta, el rescate de los barcos y marineros, la calma después de la tormenta y la subida de Torbellino al cielo.

Page 196
1. estribor, babor
2. hamaca
3. campanario
4. bacalao
5. estrecho
6. negoció
7. bautizar
8. reparar
9. anclado

1. desdobló
2. azotó, tremendos
3. inmenso
4. exquisitas

Page 197
Torbellino era un bebé grande: En una semana, le resultaba muy pequeña su cuna; tenía que dormir en el granero porque la casa era muy pequeña para él; a los dos años era más alto que el campanario de la iglesia; su hamaca se extendía de un estado al siguiente.

Torbellino ganó dinero para construir su barco: Cargó canastas de pescado de los barcos anclados en los pueblos a lo largo de la costa.

Torbellino no necesitaba una tripulación: Podía hacer todo lo que cien hombres eran capaces de hacer y más rápido.

Torbellino rescató barcos y marineros de un huracán en el Caribe: Nadó a través de enormes olas; amontonó tantos barcos como pudo en la cubierta del *Coloso;* nadó a la tierra con el ancla del *Coloso* entre sus dientes.

Theseus/Minotaur
English

Page 203
1. King Minos captured the dreaded Minotaur. He demanded hostages from Athens to feed the Minotaur.
2. The Minotaur was a monster with a human body and the head of a bull. It had a huge appetite and loved to eat people.
3. Theseus believed that if he killed the Minotaur, then no more Athenians would have to be sacrificed.
4. Ariadne gave Theseus a magic ball of string so he could escape from the labyrinth.
5. Daedalus warned Icarus not to fly too close to the sun because the sun's rays would melt the wax that held the wings together.
6. Answers will vary. You could use Super Glue™ instead of wax.

Page 204
A. 2, 1, 4, 6, 7, 3, 8, 9, 5
B–D. Sentences will vary.

Page 205
Similes
1. Daedalus and a mother bird
2. Answers will vary.

Personification
1. the wind
2. a magic ball of string

Theseus/Minotaur
Spanish

Page 209
1. El rey Minos encarceló al temible Minotauro. El exigió rehenes de Atenas para alimentar al Minotauro.
2. El Minotauro era un monstruo con el cuerpo humano y la cabeza de un toro. Tenía un apetito enorme y le encantaba comer a la gente.
3. Teseo creía que si matara al Minotauro, no hubiera necesidad de sacrificar a más ciudadanos de Atenas.
4. Ariadna le dio a Teseo una bola de hilo mágico para ayudarle a escaparse del laberinto.
5. Dédalo le advirtió a Ícaro que no volara muy cerca del sol.
6. La respuestas pueden variar. Por ejemplo, unos estudiantes podrían recomendar un pegamento como Cola Loca (Super Glue™) en lugar de cera.

Page 210
A. 2, 1, 4, 6, 7, 3, 8, 9, 5
B–D. Las oraciones pueden variar.

Page 211
Símiles
1. Dédalo y una ave madre
2. Los ejemplos pueden variar.

Personificación
1. el viento
2. una bola de hilo mágico

Echo and Narcissus
English

Page 214
1. Echo loved to gossip, so she was never silent.
2. Juno became angry with Echo and took away her voice.
3. Narcissus loved himself.
4. Narcissus forgot to eat or drink. He became ill and died.
5. This myth is a tragedy. Both the main characters die in the sad ending.

Page 215
Word Origins
Definitions will vary.
1. *Echo* means "repetition of a sound caused by the reflection of sound waves."
2. *Narcissism* means "loving or worshiping oneself."

Synonyms
7, 10, 9, 6, 8, 3, 5, 1, 2, 4

Page 216
Answers will vary.

Echo and Narcissus
Spanish

Page 219
1. Le gustaba entretener a las otras ninfas con sus historias y canciones. Su voz nunca estaba silenciosa.
2. Juno se enojó con Eco y le quitó la voz.
3. Narciso amó a sí mismo.

4. Narciso se olvidó de comer y beber. Se enfermó y murió.
5. Este mito es una tragedia. Los dos personajes principales mueren.

Page 220
Orígenes de las palabras
Las definiciones pueden variar.
1. Eco significa "una repitición de un sonido causada por el reflejo de ondas sonoras."
2. Narcisismo significa "amarse o adorarse."

Sinónimos
7, 10, 9, 6, 8, 3, 5, 1, 2, 4

Page 221
Las respuestas pueden variar.

Thor and the Giants
English

Page 227
1. Thor and Skrymir are the two main characters.
2. Skrymir thought the hammer blows were acorns and leaves falling on his head.
3. They needed to prove they could run faster, eat more, and drink more than any giant.
4. Skrymir disguised himself and acted as the travelers' guide. He only pretended to sleep. He took the travelers' food. When the travelers arrived in the giants' city, Skrymir set up impossible tasks. Thialfi raced against Thought. Loki tried to eat faster than Fire. Thor tried to drink the sea dry and wrestled Old Age.
5. Skrymir and his city disappeared.

Page 228
A. 1. survived
2. appeared
3. stumbled
4. humiliated
5. floored
6. defeated
7. failed
8. hobbled
9. disappeared
10. challenged
B. Sentences will vary.

Page 229
Old Age becomes an old woman. Old age is inevitable. It happens to everyone, regardless of his or her strength or size. So no one defeats old age.

Thought becomes a swift runner. A person's thinking can move faster than his or her feet. So thinking wins the race against running.

Fire becomes a hungry giant. Fire can consume wood, bones, and meat. So in an eating contest with fire, even a hungry person loses.

Thor and the Giants
Spanish

Page 233
1. Los personajes principales son Thor y Skrymir.
2. Skrymir pensó que los golpes del martillo de Thor eran bellotas y hojas que caían y le pegaban en la cabeza.
3. Debían probar que podían correr más rápido, comer más y beber más que cualquier gigante.
4. Skrymir se disfrazó de guía de los viajeros. Fingió dormir. Les robó la comida a los viajeros. Cuando los viajeros llegaron a la ciudad de los Gigantes, Skrymir les exigió pruebas imposibles. Thialfi tuvo que participar en una carrera contra Pensamiento. Loki tuvo que comer más rápido que Fuego. Thor tuvo que beberse el mar entero y pelear contra Vejez.
5. Skrymir y la ciudad de los gigantes desaparecieron.

Page 234
A. 1. sobrevivir   6. vencer
2. parecía   7. fallado
3. tropezaron   8. cojeando
4. humillado   9. desapareció
5. suelo   10. reto
B. Las oraciones pueden variar.

Page 235
La vejez se hace una vieja arpía. La vejez es inevitable y nadie se le puede escapar, no importa su fuerza o tamaño. Nadie puede vencer la vejez.
El pensamiento se hace un corredor rápido. Los pensamientos de una persona pueden avanzar más rápido que sus pies. El pensamiento gana en la carrera contra el correr.
El fuego se hace un gigante hambriento. El fuego puede consumir madera, huesos y carne. Por lo tanto, en un concurso de comer contra el fuego, pierde hasta una persona hambrienta.

Balder the Good
English

Page 239
1. That he would die soon because nothing could save him.
2. Odin visited a soul that could foresee the future. The soul said that nothing could be done to change the future. Frigg traveled throughout the nine worlds and made everything promise to protect Balder.
3. Hoder killed Balder. The gods blamed Loki because Hoder was blind and Loki handed Hoder the pointed mistletoe stick and showed Hoder how to aim it.
4. If every creature wept for Balder, Hel would release Balder from Niflheim.
5. Loki disguised himself as a giantess and refused to cry. Then he hid from the gods by changing shape whenever the gods were near.

Page 240
A. 8   5   **B.** 1. assured
1   4   2. pierced
2   6   3. envied
7   9   4. prophecy
10   3
C. Sentences will vary.

Page 241
A. 1. Hel   4. Loki
2. Hoder   5. Balder
3. Odin   6. Ragnarok
B. Classifications may vary. They should be considered correct if they are logically explained.
Hel Good Hel agreed to release Balder if everything in all nine worlds wept for him.
Balder Good Balder was the kindest and the most beloved Norse god.
Frigg Good Frigg tried to protect her son from harm.
Loki Bad Loki caused Balder's death and almost caused the agreement with Hel to fail.
Odin Good Odin rode to Niflheim to get advice for Balder.

Balder the Good
Spanish

Page 245
1. Que iba a morir muy pronto; que no había nada que pudiera salvarlo.
2. Odin buscó un alma adivina que pudiera predecir el futuro. El adivino dijo que no se podía salvar a Balder. Frigg viajó a través de los nueve mundos e hizo que todas las cosas estuvieran de acuerdo en proteger a Balder.

3. Hoder mató a Balder, pero fue Loki quien le dio a Hoder el palo con el muérdago venenoso que lo mató.
4. Si todos los animales, plantas y objetos lamentaran la muerte de Balder, Hel le permitiría salir de Niflheim.
5. Loki se disfrazó de gigante y se negó a llorar. Luego se escondió de los dioses, cambiándo de forma cada vez que ellos se acercaban.

Page 246
A. 8   5   **B.** 1. aseguró
1   4   2. atravesó
2   6   3. envidiaba
7   9   4. profecía
10   3
C. Las oraciones pueden variar.

Page 247
A. 1. Hel   4. Loki
2. Hoder   5. Balder
3. Odin   6. Ragnarok
B. Las clasificaciones pueden variar. Deben considerarse correctos si se explican de una manera lógica.
Hel Buena Hel prometió que liberara a Balder si todos los seres y objetos de los nueve mundos lloraran por él.
Balder Bueno Balder era el más bondadoso y el más querido de todos los dioses escandinavos.
Frigg Buena Frigg trataba de proteger a su hijo.
Loki Malo Loki causó la muerte de Balder y casi causó que fallara el trato con Hel.
Odin Bueno Odin se dirigió a Niflheim en busca de consejos para Balder.

The Earth and Sky
English

Page 252
1. The two brothers couldn't agree on anything.
2. Mawu told her two sons that she would not take either side and that the two would have to learn to get along.
3. Sagbata's exit did not help the brothers get along. Sogbo withheld rain from the Earth because his brother was there.
4. It is important to learn to get along with the people around you. Removing yourself from a situation doesn't always solve the problem.
5. Opinions will vary. One example might be: I think that Mawu was right in the way she dealt with her sons because solving the problem for her sons would not help them learn how to solve their problems.

Page 253
Definitions and examples may vary.
Revenge means "a punishment inflicted because of something that has happened before." Sogbo withheld the rain from the Earth as revenge because Sagbata had taken all of the treasures.
Reconciliation means "getting back together and restoring friendship." Sagbata offered to share leadership of the Earth with Sogbo in the hope of reconciliation.
Student examples of revenge and reconciliation in their experience will vary.

Page 254
Creative descriptions will vary.

The Earth and Sky
Spanish

Page 257
1. Los dos hermanos nunca podían estar de acuerdo en nada.

2. Mawu les dijo a sus hijos que no se pondría ni de un lado ni el otro y que los dos tenían que aprender a llevarse bien.
3. La salida de Sagbata no ayudó a que los dos hermanos se llevaran bien. Sogbo detuvo toda la lluvia porque su hermano estaba en la Tierra.
4. Es importante aprender a llevarse bien con tus prójimos. En muchas instancias, salir de una situación no resuelve un problema.
5. Un ejemplo podría ser: Creo que Mawu actuaba en una forma correcta porque resolverles su problema no les hubiera ayudado a que aprendieran a resolver sus propias dificultades.

Page 258
Las definiciones y los ejemplos pueden variar.
Venganza significa "castigarle a alguien por algo que ocurrió anteriormente".
Sogbu detuvo la lluvia como venganza porque Sagbata se había llevado todos los tesoros.
Reconciliación significa "volver a tratarse y restaurar una amistad".
Sagbata ofreció compartir el reino de la Tierra con Sogbo con la esperanza de una reconciliación.
Los ejemplos de los estudiantes de su propria experiencia con la venganza y la reconciliación pueden variar.

Page 259
Las descripciones creativas pueden variar.

The Sky Woman
English

Page 263
1. The two worlds were separated by a veil of darkness.
2. The chief's wife had dreamed that she would be cured if the great tree were uprooted.
3. Answers will vary. Some examples: The beaver can be considered a hero because it thinks of a plan to save Sky Woman. The muskrat can be considered a hero because it is able to bring the ball of dirt to the surface. The turtle can be considered a hero because it provides the surface for Sky Woman's island.
4. Opinions may differ. The myth has a happy ending because the animals of the water world make a safe home for Sky Woman. She gets well and lives happily with the animals. Some students may think that the myth has an unhappy ending because Sky Woman never finds a way to return to her home in the sky.

Page 264
A. 1. potions   6. content
2. loon   7. harvest
3. foretold   8. webbed
4. separated   9. peered
5. veil   10. uprooted
B. 1. harvest   3. foretold
2. separated, veil   4. webbed

Page 265
1. The swans caught Sky Woman when she fell from the upper world. They carried her on their backs.
2. The turtle cared for Sky Woman. He carried her on his back. When the soil was placed around the edge of his shell, his shell grew into an island.
3. The muskrat dove to the bottom of the water and brought a ball of dirt to the surface for Sky Woman.
Two possible examples of fantasy are:
The animals spoke.
The turtle's shell grew into an island.

The Sky Woman
Spanish

Page 269
1. Los dos mundos eran separados por un velo de obscuridad.
2. La esposa del jefe había soñado con que se curaría si el árbol enorme fuera sacado desde la raíz.
3. Las respuestas pueden variar. Algunos ejemplos: El castor puede considerarse un héroe porque idea un plan para salvar a la Mujer Cielo. La rata almizclera puede considerarse un héroe porque logra llevar la bola de tierra a la superficie del agua. La tortuga puede considerarse un héroe porque ofrece la base para que crezca la isla de la Mujer Cielo.
4. Las opiniones pueden variar. El mito tiene un final feliz porque los animales del mundo inferior le construyen un hogar seguro a la Mujer Cielo. Ella se sana y vive felizmente con todos los animales. Algunos estudiantes pueden pensar que el mito tiene un final infeliz porque la Mujer Cielo nunca logra encontrar una manera de volver a su hogar en el cielo.

Page 270
A.
1. pociones
2. somorgujo
3. predecían
4. separados
5. velo
6. contento
7. cosechar
8. lanzarse
9. asomarse
10. arrancaron

B.
1. cosechar
2. separados, velo
3. predecían
4. palmeados

Page 271
A recordar detalles
1. La posaron en sus lomos y la cargaron.
2. La cargó en su lomo. Cuando se colocó la tierra alrededor de su caparazón, la caparazón creció más grande hasta que formó una isla.
3. La rata almizclera se lanzó al fundo del agua y le trajo una bola de tierra a la superficie a la Mujer Cielo.

Fantasía
Dos posibles ejemplos de la fantasía son:
Los animales hablan.
El caparazón de la tortuga crece más grande hasta que forma una isla.

The Ten Suns
English

Page 275
1. The sun children had the bodies of birds. They perched in the branches of a giant mulberry tree until it was their turn to drive the chariot that moved across the sky each day.
2. The sun children became bored with their daily routine. They all jumped into the chariot at one time. Their combined heat was too hot for the Earth.
3. The people told him that there would be nothing left for him to rule if he did not act quickly.
4. Being without any sunlight is worse than having too much sunlight.

Page 276
A. elephant—plod, trumpet, splash
lion—roar, stalk, hunt
antelope—leap, flee, graze
monkey—tease, swing, scramble, hang
B. Answers will vary.

Page 277
Descriptions and opinions will vary.

The description of the mother might include characteristics such as caring, organized, ineffective, a pushover.

The description of the father might include characteristics such as out of touch, formal, a figurehead.

The Ten Suns
Spanish

Page 281
1. Los niños sol tenían los cuerpos de pájaros. Se colgaban de las ramas de un árbol gigante de moras hasta que les tocaba conducir la carroza que cruzaba el cielo cada día.
2. Cuando los soles se aburrieron de su rutina diaria todos los diez soles subieron a la carroza de una vez. El calor combinado de los diez resultó demasiado caluroso para la Tierra.
3. La gente le dijo que si no hiciciera nada, no le quedaría nada ni nadie para gobernar.
4. Porque quedarse sin ninguna luz del sol es peor que tener demasiada luz del sol.

Page 282
A. elefante—pisotea, trompetea, chapotea
león—ruge, caza, acecha
antílope—salta, huye, pasta
mono—se burla, columpia, trepa, cuelga
B. Las descripciones pueden variar.

Page 283
Las opiniones y descripciones pueden variar.

La descripción de la madre podría incluir características como: bondadosa, organizada, inefectiva, débil.

La descripción del padre podría incluir características como: distanciado, formal, sin poderes verdaderos.

The Warrior and the Princess
English

Page 287
1. No one pleased both Ixtli and her father, the emperor.
2. He wanted to be near Ixtli to find out what kind of person she was.
3. She was as kind as she was beautiful.
4. He came from a poor kingdom and he wanted to gather treasures to give to the emperor.
5. The emperor called Popo a "prince of nothing" and said he was not worthy to rule the kingdom.
6. She died of sadness when she thought he would never return.
7. Ixtli became the mountain, "The Sleeping Woman," and Popo became a volcano watching over her.

Page 288
1. obsidian
2. ancient
3. glistened
4. commoner
5. quetzal
6. disguised

Emperor: angry, rich, powerful
Princess Ixtli: beautiful, kind, gentle, caring, despondent, grieving
Prince Popo: brave, strong, loyal, worthy, grieving

Page 289
Across	Down
3. warrior	1. emperor
7. commoner	2. victorious
9. torch	4. attendants
10. brilliant	5. search
12. suitors	6. Popo
16. pledged	8. murals
17. permission	11. Ixtli
18. defeated	13. legend
19. injured	14. grief
20. valley	15. worthy

The Warrior and the Princess
Spanish

Page 293
1. Ni para Ixtli ni para su padre, el emperador, no había nadie que pareciera digno de casarse con ella.
2. Quería estar cerca de Ixtli para averiguar cómo era ella realmente.
3. Ella era tan noble como hermosa.
4. Él era de un reino pobre y quería recoger tesoros para dárselos al emperador.
5. El emperador le dijo a Popo que "era príncipe de nada" y que no era digno de gobernar su reino.
6. Murió de tristeza (dolor) cuando pensaba que él jamás regresaría.
7. Ixtli se transformó en la montaña que se llama La Mujer Dormida y Popo se transformó en un volcán que la protege.

Page 294
1. obsidiana
2. antiguo
3. brillaba
4. ordinaria
5. quetzal
6. disfrazó

El emperador: enojado, rico, poderoso
La princesa Ixtli: hermosa, gentil, compasiva, desesperanzada, triste
El príncipe Popo: valiente, fuerte, leal, digno, triste

Page 295
Horizontal	Vertical
1. pretendientes	1. permiso
2. promesa	4. antorcha
3. valle	5. emperador
6. sirvientes	7. encontrar
8. victorioso	10. Popo
9. pena	11. vencido
13. guerrero	12. herido
14. Ixtli	15. leyenda
16. digno	
17. brillante	
18. murales	

Read & Understand Fiction, Spanish/English • EMC 5310 • © Evan-Moor Corp.